Joachim Skambraks
Die Columbo-Strategie®

D1721748

Joachim Skambraks

Die Columbo-Strategie®

Was Verkäufer erfolgreich macht

Ein Arbeitsbuch für alle, die ein neues Verhalten
im Verkauf trainieren wollen.

Frankfurter Allgemeine Buch

Die Deutsche Bibliothek – CIP-Einheitsaufnahme

Ein Titeldatensatz für diese Publikation ist bei
Der Deutschen Bibliothek erhältlich

Frankfurter Allgemeine Zeitung
Verlagsbereich Buch

© Frankfurter Allgemeine Zeitung GmbH
60267 Frankfurt am Main
Alle Rechte, auch die des auszugsweisen Nachdrucks, vorbehalten
Gestaltung: F.A.Z.-Marketing/Grafik
Grafiken: Jürgen Skambraks
Druck: Druckwerkstätten Stollberg GmbH, Stollberg
Erste Auflage 2001

ISBN 3-89843-031-6

Inhalt

Einleitung

Arbeiten Sie in einem Unternehmen, das es in zehn Jahren nicht mehr geben wird? Zugegeben, das ist schon eine harte Frage. Aber sind wir doch einmal ehrlich zu uns: Es gibt Branchen, in denen diese Aussage für 50 Prozent aller Unternehmen zutreffen wird. Und es wird immer und zu allen wirtschaftlichen Konjunkturphasen Unternehmen geben, die ein überdurchschnittliches Wachstum haben werden. Es werden die Firmen sein, die die politischen, sozialen und technologischen Veränderungen als Herausforderungen annehmen werden. Sie gestalten ihre Zukunft durch flexibles Auftreten am Markt und durch innovative Gestaltung ihrer Produkte und Dienstleistungen.

Haben Sie sich als Verkäufer auch schon einmal die Frage gestellt, wo Sie in zehn Jahren stehen werden? Anders herum gefragt: Welche gewaltigen Veränderungen hat es in dieser kurzen Zeit gegeben?

Was haben diese ersten Gedanken mit diesem Buch zu tun? Ja, Sie haben ein Buch in der Hand, das sich schon wieder mit dem Thema »Verkaufen« beschäftigt. Aber auch im Verkauf hat sich sehr viel verändert. Gerade die rasante Entwicklung der Kommunikationstechnik und des Internets hat für viele Verkäufer das Leben einfacher gemacht. Andere meinen, daß wir durch das Internet bald keine Verkäufer mehr brauchen werden. Ist das richtig? In den USA hat im Herbst 2000 bereits ein Anbieter von Neuwagen im Internet schon wieder seine Pforten geschlossen. Der Trend ist eindeutig: Telefon, Handy, Fax, E-Mail, Internet und Computerprogramme für Costumer-Relationship-Management können uns die Arbeit wesentlich erleichtern. Aber unser Arbeitsalltag ist wesentlich komplexer geworden. Und die Kaufentscheidung beim Kunden wird auch in Zukunft wesentlich von der Persönlichkeit des Verkäufers abhängen.

Was wir aber nicht außer Acht lassen sollten, ist die Tatsache, daß sich das Verhalten unserer Kunden in den letzten Jahren verändert hat. Dies gilt sowohl im Endkunden- als auch im Business-to-Business-Geschäft (B2B-Geschäft).

Es gibt immer wieder Verkäufer, die mir in meinen Trainings sagen: »Ich verkaufe schon seit 15 oder 20 Jahren. Ich habe schon tausende Verkaufsgespräche geführt. Ich kenne mein Geschäft und meine Kunden. Das habe ich fest im Griff. Die Zeiten werden zwar schwieriger, aber da kann man nichts machen.«

Diese Verkäufergeneration merkt gar nicht, wie sich die Zeiten ändern. Und sie ist auch nicht bereit, sich auf die Veränderungen einzustellen. Verkäufer mit der »Kenn-ich-schon«-Mentalität hindern sich durch ihre Einstellung selbst daran, Neues zu lernen und ihr Verhalten daran anzupassen. Es kann nicht darum gehen, Auftreten und Verhalten komplett zu ändern, sondern darum, das eigene Verhalten zu überprüfen und sich mittels einer Feinjustierung den neuen Erfordernissen anzupassen.

Nun sicherlich, das Rad im Verkauf können wir nicht neu erfinden. Aber wir können dafür sorgen, daß die Bereifung dieses Rades den aktuellen Anforderungen und Veränderungen des Marktes und der Kunden angepaßt wird. So wird das Rad auch wieder leichter und besser laufen. So werden Sie als Verkäufer auch schneller an Ihr Ziel kommen. Dabei soll Ihnen dieses Buch helfen. Das wünsche ich Ihnen.

Für wen ist dieses Buch?

Erst einmal herzlichen Glückwunsch und vielen Dank, daß Sie dieses Buch in den Händen halten!

Ich vermute einmal, daß Sie der Titel motiviert hat, sich dieses Buch anzusehen oder zu bestellen. Damit haben Sie bereits den ersten Schritt zu einer wichtigen Maßnahme getan: Sie haben sich für etwas Neues interessiert!

Ich habe dieses Buch ganz allgemein für Verkäufer geschrieben. Und damit eigentlich für jedermann und natürlich auch jede Frau. Denn verkaufen müssen wir uns täglich in vielen Situationen, gleich ob im Beruf, Hobby oder Privatleben.

Welchen Nutzen bringt Ihnen dieses Buch?

Wenn Sie die vorgeschlagenen Strategien auch anwenden und nicht nur Gründe finden, warum das bei Ihnen alles gaaaanz anders ist:

1. Sie lernen, das Verkaufsgespräch aus einer neuen Position heraus zu betrachten.
2. Sie wissen, die Erfolgsfaktoren von Columbo erfolgreich einzusetzen.
3. Sie können eine gute Beziehung zu Ihrem Kunden aufbauen.
4. Sie führen Ihre Preisgespräche souveräner.
5. Sie bauen Ihre Geschäftsbeziehungen aus und aktivieren Neukunden.
6. Sie erhöhen dadurch den Umsatz Ihres Unternehmens.
7. Sie verbessern die Rendite des Unternehmens durch weniger Nachlässe und Rabatte.
8. Sie werden in Ihrem Beruf erfolgreicher.
9. Dadurch werden Sie auch in Ihrem Privatleben ausgeglichener und glücklicher.
10. Sie werden reicher: spirituell und materiell.

In welchen Situationen verkaufen wir uns?

Da gibt es natürlich die Standardsituationen wie Kontakt zum Kunden im Innen- wie im Außendienst. Jedes Telefonat und jeder Brief ist wie ein Verkaufsgespräch zu sehen. Und selbstverständlich gehört auch das Bearbeiten von Reklamationen zum Verkauf und kann sogar für Zusatzumsatz und Weiterempfehlungen verwendet werden. Jede Führungskraft in einem Unternehmen, jeder Firmeninhaber und Geschäftsführer muß sich täglich seinen Mitarbeitern gegenüber verkaufen. Mitarbeitergespräche, Zielvereinbarungen, Beurteilungsgespräche und sogar Einstellungsgespräche lassen sich leichter erfolgreich durchführen, wenn wir sie als Verkaufsgespräche ansehen. Für alle beschriebenen Situationen kann dieses Buch hilfreich sein. Also auch für Sie!?

Warum kann uns Columbo als Verkäufer helfen?

Als Menschen brauchen wir Modelle, Strukturen und Bilder, um uns Ideen und Fakten leichter merken zu können. Deshalb habe ich den Kommissar Columbo ausgewählt.

Die Fälle, die Columbo zu lösen hat, sind zwar ähnlich aufgebaut, aber immer spannend. Oft wissen wir, wer der Täter ist oder können es zumindest leicht erahnen. Darum geht es in der Serie aber nicht. Wichtig ist, wie Columbo den Mord aufklärt. Aus den Strukturen der Fälle, die Columbo löst, habe ich 13 Erfolgsfaktoren abgeleitet und daraus die Columbo-Strategie® entwickelt.

Wer könnte die Feinheiten der Dialektik, Rhetorik, Verhandlungskunst und Logik besser vermitteln als die Kunstfigur Columbo? Auch sein Umgang mit Menschen und sein Spürsinn sucht seinesgleichen.

Columbo bietet Ihnen deswegen ein bildhaftes Beispiel für das, was ich Ihnen gerne vermitteln möchte. Selbst wer nur zwei oder drei Folgen von Columbo gesehen hat, der wird diese Bilder in seinem Kopf hervorrufen können. Und was meinen Sie bleibt stärker in Ihnen verhaftet – ein trockener Bericht oder ein Bild, das Sie sich selbst in Ihren Farben ausmalen können?

Neben dem klassischen Verkaufsgespräch werden in diesem Buch zwei Schwerpunkte behandelt:
• Die perfekte Kundenbindung durch erstklassiges Kundenbeziehungsmanagement,
• preisstabiles Verkaufen.

Diese beiden Schwerpunkte habe ich deshalb gewählt, weil sie die beiden herausragenden Themen für den Verkauf in den nächsten Jahren bilden.

Die Beziehung zum Kunden ist für den Verkäufer die Grundlage für seinen Geschäftserfolg und die Basis für die Zukunft. Die Anforderungen der Kunden haben sich geändert. Die Servicewüste Deutschland, wie Minoru Tominaga, der bekannte japanische Managementtrainer, sie nennt, gibt es zwar immer noch, aber genauso wächst kontinuierlich die Anzahl der Unternehmen, die den Umgang mit dem Kunden in den Mittelpunkt stellen.

Das geringe Wirtschaftswachstum, die steigenden Lebenshaltungs- und Energiekosten zwingen immer mehr Verbraucher, preisbewußt einzukaufen. Der Kunde stellt den Preis immer stärker in den Vordergrund seines Handelns. Und nachdem nun das Rabattgesetz gefallen ist, werden die Gepflogenheiten, um jeden Preis zu feilschen, wesentlich zunehmen. Wie stellen sich die Verkäufer heute schon darauf ein? Seien Sie ehrlich zu sich selbst: Wie haben Sie sich darauf eingestellt? Oder sind Sie sich absolut sicher, daß Sie dieses Problem auf gar keinen Fall betreffen wird?

Welche charakteristischen Merkmale haben die Columbo-Folgen?

Welche Krimiserie kann sich das sonst noch leisten: Der Betrachter kennt von Anfang an den Täter. Die Spannung erhalten die Folgen allein aus der Frage, wie es dem Inspektor wieder einmal gelingen wird, den Mörder zu überführen.

Zur Erinnerung möchte ich einige Punkte anführen, die für eine Columbo-Folge charakteristisch sind:

Jedesmal sagt jemand: Just one more thing ... (Nur noch eine Sache). In jeder Folge entschuldigt Columbo sich. Immer bekommt er einen Kommentar über sein Auto zu hören. Auch muß er sich Bemerkungen über seine Kleidung anhören. Aber er läßt sich auch jedesmal von einer Neuheit oder einer neuen technischen Errungenschaft begeistern. Er erwähnt in jeder Folge seine Frau und bringt ihr oft ein Souvenir oder ein Autogramm mit. Er ist immer von dem Beruf einer Person beeindruckt und hätte ihn auch gerne ausgeführt. Seine typischen Bewegungen wie die Zigarre in den Mund nehmen oder das Reiben des Augenlids kennen wir. Schließlich gibt es einige Phrasen, die wir immer wieder zu hören bekommen, wie: Nur eine Formalität. Entschuldigung, daß ich Sie störe. Ich binde nur lose Enden zusammen.

Wie können Sie dieses Buch lesen?

Dafür haben Sie zwei Möglichkeiten:
1. Sie lesen es einfach und wenden einige Anregungen, die Sie erhalten haben, auch in der Praxis an. Das wäre schon ein ganz guter Erfolg.
2. Dies ist die wesentlich erfolgversprechendere Methode: Sie lesen das Buch und haben dabei einen Stift in der Hand. Sie können sich für Sie wichtige Passagen anstreichen. Wenn Sie das Buch wieder einmal in die Hand nehmen, finden Sie die Stellen, die Ihnen wichtig waren, schneller. Außerdem hat dieses Buch den Charakter eines Arbeitsbuches. Mir ist es sehr wichtig, daß Sie die Inhalte auch schnell in Ihrer täglichen Praxis umsetzen können.

Deshalb gibt es vielfach kleine »Haltestellen« oder »Boxenstops«, an denen Sie Ihre eigenen Gedanken, Argumente und Ideen formulieren und notieren können. Mit der Zeit erhalten Sie passend zu den logischen Stellen im Buch Ihr eigenes Kompendium, anhand dessen Sie sich immer wieder Anregungen für Ihre tägliche Praxis im Verkauf holen können.

München, im Februar 2001   Joachim Skambraks

1. Kapitel
Welche Eigenschaften machen Columbo erfolgreich?

Die 13 Erfolgsfaktoren Columbos

Bevor wir in die Materie des Verkaufens eintauchen, möchte ich Ihnen die 13 Erfolgsfaktoren vorstellen, warum Columbo so erfolgreich ist.

1. Zielorientierung und Vorbereitung

Columbo arbeitet stets zielorientiert. Sein oberstes Ziel ist es immer, den Fall aufzuklären. Wer sein Ziel kennt, weiß auch, wohin er gehen muß. Auch wenn seine Mitspieler denken, er sei chaotisch, zerstreut und unorganisiert, so geht er doch letztenendes genau seinen Weg der Lösung des Falls. Dabei ist er auch perfekt vorbereitet, hat sich und seine Kollegen genau organisiert und glänzt mit einem gewaltigen Fachwissen, das er sich über die langen Jahre seiner Berufslaufbahn erworben hat. Über das Thema der Vorbereitung werde ich an anderer Stelle noch genauer sprechen.

Zur Vorbereitung und Organisation Columbos gehört auch, daß er immer einen etwas schäbigen Notizblock bei sich führt, auf dem er sich penibel genau Aufzeichnungen macht. Diese Notizen helfen ihm dann an anderer Stelle wieder, der Lösung näher zu kommen.

2. Die Marke Columbo

Columbo und natürlich Peter Falk und seine Produktionsfirma haben aus der Person des Kommissars eine Marke gemacht. Welches Bild fällt uns bei der Nennung des Namens Columbo ein? Genau, seine Markenzeichen wie der Trenchcoat, der Hund, das Cabrio und seine Zigarre, die den zerstreuten Kommissar so charakteristisch machen. Nach der ersten Begegnung mit ihm kennt ihn jeder und kann sich wieder an ihn erinnern. Durch seinen Auftritt als Person und durch sein Erscheinungsbild sticht er aus der Masse der Menschen heraus.

Details seiner Markenbildung sind:

Columbos Regenmantel

Man kann den berühmten Trenchcoat fast schon als einen Teil von Columbo selbst sehen. Er scheint ihm eine Art von magischer Kraft zu geben. Als er einmal gezwungen wird, seinen Regenmantel zu ersetzen, stellt er mit Entsetzen fest, daß er ohne seinen Mantel nicht einmal richtig nachdenken kann. Nach der offiziellen Legende kaufte Peter Falk den Mantel in New York zu der Zeit, als er für die Rolle gecastet wurde: »1966 ging ich die 57. Straße entlang, als es zu regnen anfing. Ich ging in einen Laden und kaufte einen Regenmantel. Als ich einen für Columbo finden sollte, nahm ich einfach diesen.«

Dieser Regenmantel hat eine Menge Einsatzmöglichkeiten für Columbo: Er trägt ihn immer. Zu allen Anlässen, auch über einem Smoking oder auf einer Kreuzfahrt nach Mexico. Ja, sogar wenn er seinen nackten Oberkörper bedecken will oder er einen Morgenmantel benötigt, verwendet er seinen heißgeliebten Mantel.

Auch der Inhalt des Mantels ist so vielfältig wie seine Einsatzmöglichkeiten. Hier nur einige der Sachen, die Columbo in seinem Mantel trägt:

Notizblock, Hundekuchen, Zeitschriften, Essen wie hartgekochte Eier und Salzstreuer, Bonbons und Thermosflasche.

Schließlich wäre die Geschichte um den Regenmantel nicht komplett ohne die Erwähnung von Frau Columbo, die immer wieder versucht, den Mantel zu ersetzen. Als sie ein besonders schönes schokoladenbraunes Stück mit großen Aufschlägen aussucht, versucht Columbo immer wieder, ihn zu verlieren oder jemanden zu finden, der ihn stehlen könnte. Schließlich tritt er dann wieder in seinem gewohnten Regenmantel auf mit der Bemerkung, daß seine Frau den neuen zurückgegeben hätte, weil er die falsche Größe hatte.

Columbos Hund

Er ist auch eine Marke für sich, der Basset von Columbo. Der Hund ist so ungewöhnlich lethargisch und so häßlich, daß er schon wieder sympathisch wird. Wenn der Hund einmal bellt oder sich bewegt, dann nur zu den unpassendsten Anlässen. Er mag Eiscreme, fernsehen und im Swimming-Pool des Nachbarn schwimmen. Als im Laufe der Jahre der Hund starb, wurde er durch einen zweiten jüngeren ersetzt. Das Problem dabei war, daß er viel zu jung aussah. So bekam der neue Hund ein Make-up, um ihn älter zu machen.

Das legendäre Cabrio

Die Produzenten wollten für Columbo ein Auto, das zu seiner Persönlichkeit paßte. Peter Falk konnte sich mit dieser Idee nicht so recht anfreunden. Nachdem er auf dem Gelände der Universal-Studios jedes erdenkliche Auto begutachtet hatte, mochte er keines davon. Erst einen Tag vor den Filmaufnahmen sah er auf einem Platz nur die Nase von einem Auto herausragen und wußte sofort: Das ist das Auto von Columbo. Dieses Auto fuhr nicht, weil es nicht einmal einen Motor hatte. So wurde dieses Peugeot-Cabrio, Modell 403 aus dem Jahr 1959, zum ständigen Begleiter von Columbo und sorgte für etliche Lacherfolge in verschiedenen Episoden. Als ein Polizist Columbo einmal fragt, ob er nicht die Anschaffung eines neuen Autos in Erwägung ziehe, antwortet er: Ich habe ein anderes Auto. Meine Frau fährt es. Aber es ist kein besonderes Auto, nur Transportmittel.

Bei Columbo ist sogar das Auto zur Marke geworden und vermittelt auch noch Lebenseinstellung.

Die Zigarre

Die Zigarre gibt es bei Columbo nicht, es ist eine Zigarre. Wir kennen ihn eben mit Zigarre. Columbo-Fans unterhalten sich gerne über Details: Welche Marke und welches Aussehen haben seine Zigarren? Die Antwort: Er raucht keine bestimmte Marke, und seine Zigarren sind mal größer mal kleiner, mal heller mal dunkler. Aber wir kennen Columbo mit seiner Zigarre. Das gehört zu seiner Marke. Dabei ist die Marke der Zigarre unwichtig.

3. Die Meisterschaft in der Fragetechnik erreichen

Columbo gilt als Meister der knallharten Verhandlungstechnik. Als Meister der Verhandlungstechnik ist Columbo auch ein Meister der Fragetechnik. Er hat für alle Situationen die richtigen Fragen parat. Er kennt die verschiedenen Arten der Fragetechnik. Mit seinem schäbigen Notizblock recherchiert er unabläßlich und läßt sich auch von den Tätern nicht in die Irre treiben. Wenn wir über das Verkaufsgespräch reden werden, bekommen Sie noch einige Informationen zum Thema Fragetechnik. Haben Sie eigentlich immer die richtigen Fragen parat?

4. Beziehungsmanagement und Netzwerke

Columbo betreibt ein professionelles Beziehungsmanagement. Durch sein Auftreten und seine markante Art kennt ihn jeder, der einmal Kontakt zu ihm hatte. Aber er hat sich über die Jahre ein Netzwerk aufgebaut, das ihn immer wieder bei der Lösung seiner Fälle unterstützt. Überall in Behörden, Organisationen und sogar bei kleinen Ganoven hat er seine Kontakte, die ihm Informationen geben oder beschaffen können. Auf menschlicher Basis hat er ein funktionierendes Netzwerk geschaffen, und er schafft es, daß sich seine Netzwerkpartner teilweise stunden- oder tagelang bemühen, um ihm zu helfen.

Ist Ihnen beispielsweise aufgefallen, daß Columbo in jeder Folge mindestens einmal am Telefon eines fremden Hauses angerufen wird. Welcher Chef betreibt heute schon ein so gutes Kommunikationsmanagement, daß seine Kollegen oder Mitarbeiter im Büro darüber

Bescheid wissen, wo er gerade ist? Heute haben wir ja Handys! Eine gute Ausrede, aber es geht hier ja wohl um etwas anderes. Auch der geheime Austausch von Sachen oder Kleidung an öffentlichen Plätzen oder in geheimen Wohnungen ist über sein Netzwerk so gut vorbereitet, daß es keine Irritationen gibt.

5. Columbo als Teamworker

Columbo ist kein Einzelkämpfer, obwohl er manchmal den Anschein erweckt. Ganz bewußt arbeitet er im Team mit seinen Kollegen. Jeder ist für sein Tun und das ganze Team verantwortlich. Nach seinen Fähigkeiten und nach seinem Zeitbudget bekommt jeder seine Aufgaben zugeteilt oder übernimmt sie freiwillig. Auch werden alle in gemeinsamen Besprechungen über alle Neuigkeiten informiert und in die Entscheidungsfindung einbezogen. In der Folge »Zwei Leichen und Columbo in der Lederjacke« finden wir ein besonders schönes Beispiel für Columbos Teamansatz, als er bei der Besprechung von einigen fraglichen Fakten sagt: »Laßt uns einfach laut nachdenken.« Im Gegensatz zu vielen anderen Unternehmen haben hier die Mitarbeiter regen Gebrauch davon gemacht.

6. Columbo mag Menschen

Columbos Verhalten ist stets korrekt und von Respekt zu seinem Gegenüber geprägt. Er interessiert sich für seine Mitmenschen, fragt sie nach Privatem und Beruf und ist offen, warmherzig, freundlich und aufnahmefähig. Oft bewundert er den Beruf eines Menschen und hätte diesen auch gerne ausgeführt, nur gab es einen Grund, warum das nicht zu verwirklichen war. Dieses Interesse an Menschen verschafft ihm immer wieder Sympathien und hat ihm dieses immense Netzwerk ermöglicht. Er hört den Menschen wirklich zu und ist zu kleinen Abschweifungen gerne bereit.

7. Columbo ist offen für das Unerwartete

Obwohl Columbo seit 1968 als Inspektor arbeitet, ist er für neue Erkenntnisse offen und läßt sich selbst gerne überraschen. Seine permanente Lernfähigkeit läßt ihn an den aktuellen Entwicklungen teilhaben. Oft kann er sich auch für technische Neuerungen begeistern. Diese Offenheit für unerwartete Entwicklungen schafft in ihm auch die Bereitschaft, immer wieder neue Wege der Lösung für seine Fälle zu gehen. Oft bringen die nicht ausgetretenen Pfade die wirklichen Überraschungen hervor.

8. Columbo kann sich schnell anpassen

Columbo ist nicht nur offen für unerwartete Überraschungen, sondern er kann sich als Mensch schnell auf diese neuen Situationen und auf die Leute, auf die er trifft, hervorragend einstellen. Ton, Sprache, Wortwahl und Körpersprache stellen sich auf das Niveau des Gegenübers ein und spiegeln ihn wider. Durch diese Flexibilität bekommt er einen Vorsprung gegenüber den Tätern.

Wenn der Fall es erfordert, verläßt er das alte Fahrwasser und geht von seinen eigenen Konventionen ab. Dann kann er sogar seinen geliebten Trenchcoat gegen einen braunen Mantel und einen Hut austauschen. Selbst ein neuer Notizblock war im Budget enthalten. Der Zweck heiligt die Mittel.

Eines Tages sieht man ihn in einem todschicken schwarzen Anzug mit weißem Hemd und edler Krawatte. Er will von italienischen Gangsterkreisen Informationen bekommen. Ein Kollege spricht ihn an: »Ihr Äußeres erscheint mir heute äußerst extravagant.« Columbos Antwort: »Heute ist Sonntag, also gehe ich zur Kirche.«

9. Hat er noch alle Tassen im Schrank?

Ein seltsamer Kauz ist er manchmal schon, dieser Columbo. Sein Verhalten ist nicht immer gesellschaftskonform. Aufgrund seiner Art zu ermitteln wird Columbo oft unterschätzt. Ein solch zerstreuter und chaotischer Inspektor kann doch nicht in der Lage sein, dem Täter eines perfekt geplanten Mordes auf die Schliche zu kommen? Oder doch? Hat er wieder einmal alle hinters Licht geführt?

Dieses Bluffen von Columbo hat mich in meinen Trainings auf die Columbo-Strategie® gebracht. Gerade der Trick, kurz vor dem Gehen zu sagen: »Just one more thing!«, ist wie gemacht für Verkäufer. Darüber werde ich noch sprechen.

10. Columbo schafft Erlebnisse

Columbos Auftritte sind und bleiben für alle Beteiligten ein Erlebnis. Die Einzigartigkeit seiner Person und seine Kreativität machen aus der Begegnung mit Columbo etwas ganz besonderes. Allein sein Auftritt im Cabrio mit Regenmantel, Hund und Zigarre zerstört vollständig die Erwartungshaltung vom intelligent und erfolgreich arbeitenden Kommissar. Jeder, der einmal intensiver mit Columbo zu tun hatte, wird in der Zukunft, wenn er das Wort »Kommissar« hört, zuerst einmal an Columbo denken, bevor er an irgend jemand anderen denkt.

11. Columbo gibt nicht auf

Columbo arbeitet systematisch und zielorientiert an der Lösung seines Falles. Doch immer wieder gerät er mit seinen Ermittlungen in die Sackgasse. Der Weg führt nicht weiter. Manch anderer würde an einem solchen Punkt die Ermittlungen einstellen. Aber Columbo gibt an solchen Punkten nicht auf. Unablässig sucht er nach dem noch so kleinsten Anhaltspunkt für einen Fehler des Mörders. Auch die winzigste Spur wird verfolgt, bis eine schließlich zum Ziel führt. Weil Columbo sich ein Ziel gesetzt hat, hat er auch so viel Motivation, sein Ziel auch mit viel Mühe erreichen zu wollen.

12. Columbo als Meister der Inszenierung

Hat Columbo endlich den Fall für sich aufgelöst, folgt noch der letzte entscheidende Schritt: Die Überführung des Täters. Dabei setzt er auf den Überraschungseffekt. Dieser Effekt läßt sich am leichtesten erreichen, wenn der Täter mittels einer bühnenreifen Inszenierung überrumpelt und damit überführt wird. Columbo muß an dieser Stelle besonders seine visuellen Fähigkeiten unter Beweis stellen. Wie in einem Film, der im Kopf abläuft, kann er sich schon vorher vorstellen, wie die Überführung des Täters mittels seiner Überraschungseffekte ablaufen wird. Beweismittel, Gegenstände, beteiligte Personen und Zeugen setzt Columbo wie ein Regisseur so gekonnt ein, daß diese Inszenierung so stimmig ist, daß der Täter gar nicht mehr anders kann als zu gestehen.

13. Columbo hat den richtigen Riecher

Manchmal gerät Columbo an Beweisstücke oder Hinweise, die auf den ersten Blick nicht von Bedeutung sind. Aber irgendwie fühlt er, daß da noch etwas sein muß, dem bis jetzt zu wenig Bedeutung zugemessen wurde. Auch wenn er einen Tatverdächtigen so gut wie überführt hat, kann es sein, daß er noch ein schlechtes Gefühl dabei hat. In diesen Situationen läßt er sich von seinem Gefühl leiten und sucht weiter. Seine emotionale Intelligenz kombiniert er mit seinem reichen Erfahrungsschatz und kommt dadurch wieder auf neue Wege der Lösung.

Wenn jemand den richtigen Riecher hat oder Informationen aus seinen Gefühlen bekommt, nennt man das Intuition. Die intuitiven Fähigkeiten Columbos verschaffen ihm einen riesigen Vorsprung vor allen anderen, die sich nur nach sachlichen Informationen richten. Ein Weg der Informationsgewinnung ist diesen Menschen versperrt.

Wann verkauft sich Columbo?

Ist denn Columbo überhaupt ein Verkäufer? Er ist doch ein Kommissar! Überlegen wir uns, wann und gegenüber wem er sich verkaufen muß. Fangen wir bei seiner Arbeitsstelle an:

Seine Kollegen
Damit seine Kollegen ihm zuarbeiten und unterstützen, muß er ihnen Informationen geben, sie motivieren und die Notwendigkeit darlegen, ihre Recherchen, Beschattungen und Botendienste sorgfältig durchzuführen. Das heißt, er muß Ihnen gute Gründe dafür geben, warum sie ihn in seiner Arbeit entlasten sollen. Nur mit Zwang ist auf Dauer in keinem Job ein Blumentopf zu gewinnen. Ist das etwa kein Verkauf?

Sein Chef
Wenn er weitere Unterstützung für Einsätze, eine Fahndung oder ausgefallene Aktionen benötigt, muß er diese Ideen und Notwendigkeiten seinem Chef plausibel vermitteln. Er stellt seinem Chef die Vorteile und Nutzen vor, damit er eine Grundlage von Informationen hat, nach denen er entscheiden kann.

Der Staatsanwalt
Die Beschaffung von Durchsuchungs- und Haftbefehlen ist oft harte Überzeugungsarbeit. Beweise und Zeugen müssen belegen können, daß der Staatsanwalt nach geltendem Recht handelt, wenn er eine Verfügung erläßt. Genauso wie ein Verkaufsgespräch.

Die Zeugen
Durch die richtige Fragetechnik bringt er die Zeugen zu Aussagen. Er motiviert sie, weitere Angaben zu machen. Hier muß die Idee verkauft werden, was es dem Zeugen nutzen könnte, wenn er eine Aussage macht. Er baut positive Beziehungen auf, durch die Vertrauen entsteht.

Der Täter
Der Täter wird durch die richtige Fragetechnik und eine eindrucksvolle Präsentation überführt. Columbo als Meister der Verhandlungstechnik ist ein perfektes Vorbild, wie wir als Verkäufer agieren können.

Sein Netzwerk
Sein vorbildliches Beziehungsmanagement ermöglicht es ihm, über Jahre hinweg Beziehungen aufrecht zu erhalten, die ihm dann, wenn er es benötigt, Informationen verschaffen und Hilfe und Mitarbeit anbieten. Hilfe von anderen Menschen zu bekommen bedeutet immer ein Geben und Nehmen. Wenn Columbo aus seinem Netzwerk Unterstützung erhalten hat, dann gab es vorher von ihm eine Vorleistung oder es wird später eine Gegenleistung geben.

Seine Ehefrau
Ja, auch bei seiner Ehefrau. Soviel wie Columbo arbeitet, muß er, damit er ein harmonisches Privatleben führen kann, seiner Frau die Notwendigkeit von Überstunden verkaufen. Und ein zweites Problem scheint er mit der Professionalität eines Verkäufers zu bewältigen. Alle Versuche seiner Frau scheitern, ihm einen neuen Regenmantel zu verschaffen.

Sie sehen also, in allen Lebenslagen verkauft sich Columbo perfekt. So wie wir es auch tun oder tun sollten. Deshalb ist Columbo ein perfektes Beispiel für einen erfolgreichen Verkäufer. Sollen wir deshalb nun alle Columbos werden? Nein, natürlich nicht. Aber wir können seine Erfolgsfaktoren studieren und das, was uns nützlich erscheint, für uns übernehmen und in der Praxis umsetzen.

2. Kapitel
Wie führe ich ein Verkaufsgespräch?

Struktur des Verkaufsgesprächs

Na ja, werden Sie jetzt sagen, wie wir ein Verkaufsgespräch zu führen haben, wissen wir ja schon seit langem! Das freut mich besonders, wenn Sie schon reichlich Erfahrung im Verkauf gesammelt haben. Es könnte dennoch nützlich sein, sich über die Struktur und die Vorgehensweise des eigenen Verkaufsgesprächs immer wieder Gedanken zu machen. Ein kontinuierlicher Verbesserungsprozeß sozusagen. Die Punkte, die Ihnen weiterhin sinnvoll erscheinen, die behalten Sie. Wenn Sie aber Anregungen finden, Ihr Verkaufsgespräch noch ein wenig besser zu machen, dann werfen Sie alten Ballast über Bord und gewöhnen sich an neue Vorgehensweisen. Neues Verhalten einzuüben ist übrigens eine der schwersten Übungen, die wir durchführen können.

Stellen Sie sich einmal vor, Sie sind gerade in England angekommen, steigen aus dem Flugzeug aus, nehmen sich einen Mietwagen und steigen ein. Der Fahrersitz ist auf der anderen Seite, Sie müssen mit der linken Hand schalten statt mit der rechten und sich auch noch auf das Fahren auf der linken Seite konzentrieren. Wird Ihnen das ohne Übung leicht fallen? Und wie wird es Ihnen nach einer Woche ergehen, wenn Sie täglich in England Auto gefahren sind. Es wird vieles automatisch laufen, Sie können wieder Auto fahren ohne große Konzentration und Nachdenken. Und so ist es auch mit neuen Anregungen im Verkauf.

Neue Verhaltensweisen müssen eintrainiert werden. Solange bis Sie sie automatisch anwenden. Tatsächlich investieren viele Menschen viel Zeit in Training. Aber: Sie investieren diese Zeit meist leider nur, um einen Sport oder ein Hobby zu lernen. Nur wenn es darum geht, sich für den Beruf zu qualifizieren, da gibt es viele Ausreden, warum das jetzt gerade nicht geht oder notwendig ist. Wollen Sie zu diesen Menschen gehören?

Was heißt eigentlich »Verkaufen«?

Was bedeutet es eigentlich, wenn wir sagen: Verkaufen? Damit wir über eine gemeinsame Grundlage sprechen, möchte ich Ihnen eine Definition vorschlagen:

Verkaufen heißt:
- dem Kunden durch ein gutes Gespräch zu helfen,
- das Produkt oder die Dienstleistung zu bekommen,
- die er braucht, um sich seine Wünsche zu erfüllen,
- und ihm dabei ein gutes Gefühl zu geben,
- und zwar vor, während und nach dem Kauf.

Wenn wir uns diese Definition etwas näher ansehen, hat diese Art des Verkaufens nichts mehr mit einer Drückermentalität zu tun. Der Verkäufer ist Partner des Kunden und will ihm helfen. Er handelt so, daß durch ein gutes Beziehungsmanagement eine langfristige Geschäftsbeziehung möglich ist. Der Verkäufer ist der persönliche Wuncherfüller des Kunden. Besonders durch das gute Gefühl auch nach dem Kauf können wir eindeutig Scharlatane ausklammern, die unseriös verkaufen und eine schnelle Mark machen wollen. Wenn beide Seiten das Gefühl haben, ein gutes Geschäft mit Gewinn gemacht zu haben, dann können wir von einem erfolgreichen Verkaufsgespräch sprechen.

Boxenstop – Just one more thing:
Der Power-Verkäufer gestaltet sein Verkaufsgespräch interessant wie eine Kurzgeschichte, die den unsichtbaren Titel trägt: Ein Kunde wird glücklich.

Der Ablauf des Verkaufsgesprächs

Für den Ablauf des Verkaufsgesprächs möchte ich Ihnen fünf Phasen des Verkaufsgesprächs nennen:

1. Phase: Die Aufwärmphase
2. Phase: Was sind die Bedürfnisse und Wünsche des Kunden?
3. Phase: Wie kann ich dem Kunden nützlicher sein?
4. Phase: Das Preisgespräch
5. Phase: Die gemeinsame Vereinbarung

Ich schlage Ihnen für das Verkaufsgespräch diese Struktur vor. Selbstverständlich wird selten ein Verkaufsgespräch genau nach dieser Struktur ablaufen. Sie ist ein Denkmodell, das Ihnen das Handeln in der Praxis erleichtern soll. Wenn wir eine solche Struktur verinnerlicht haben, können wir in Standardsituationen automatisch reagieren und haben so unsere Ressourcen frei für die außergewöhnlichen Augenblicke im Verkaufsgespräch. Wir Menschen sind eben so veranlagt, daß wir Strukturen brauchen. Sie geben uns Orientierung und Selbstbewußtsein. Aber wir haben auch die Chance, uns diese Strukturen selbst zu schaffen. Dabei kann Ihnen die Columbo-Strategie® helfen.

Gibt es noch etwas zu beachten, bevor wir uns in das Verkaufsgespräch stürzen?
Ja! Die Frage: Was kommt vor dem Verkaufsgespräch?

Notieren Sie bitte hier, was für Sie vor dem Verkaufsgespräch wichtig ist:

_____

_____

_____

_____

_____

_____

_____

_____

_____

Vor dem Verkaufsgespräch müssen Sie an eine wichtige Phase denken:

Die Vorbereitung

Verkäufer, die sich in der jahrelangen Routine ihres Tagesgeschäfts befinden, übersehen leicht einen wichtigen Punkt vor dem Verkaufsgespräch: Die Vorbereitung. Aber ich betone: Bereiten Sie sich auf jedes Verkaufsgespräch vor!

Jeder Kunde hat das Recht, von Ihnen wie Ihr bester Kunde behandelt zu werden! Gerade wenn Sie täglich mit vielen Kunden Kontakt haben, ist dieser Aspekt wichtig. Haben Sie sich gerade über einen Kunden oder einen Kollegen geärgert? Wollen Sie diesen Ärger auf den nächsten Kunden übertragen? Gerade im B2B-Geschäft ist die Vorbereitung auf ein Verkaufsgespräch besonders wertvoll. Gute Verkäufer sagen: Die Vorbereitungszeit auf ein wichtiges Verkaufsgespräch ist wesentlich länger als die Zeit des Verkaufsgesprächs selbst.

Wer ein perfektes Verkaufsgespräch führen will, muß seinen Kunden sehr gut kennen. Er hat alle relevanten Informationen über das Unternehmen seines Ansprechpartners und dessen Wettbewerber. Allein um hier die wichtigsten Informationen zu bekommen, kann eine tagelange Recherchearbeit notwendig sein.

Die Vorbereitung für Verkaufsgespräche habe ich in vier Bereiche (siehe Checkliste) aufgeteilt:

Wie ein Sportler können Sie Techniken, Produktkenntnisse und Strategien üben. Wie in einem Training können Sie sich diese Kenntnisse aneignen.

Damit Sie mit dem Kunden auf der gleichen Ebene reden können, brauchen Sie vorher eine große Anzahl von Informationen. Die Analyse hilft Ihnen dabei, die Grundlagen für die richtige inhaltliche Gesprächsführung.

Mittels Ihrer Visualisierungskraft können Sie das Verkaufsgespräch in Ihrem geistigen Auge vorher ablaufen lassen. Diese Filmschlußtechnik (siehe Seite 39) hilft Ihnen, Ihr Ziel im Gespräch zu erreichen.

In der Konzentrationsphase direkt vor dem Gespräch checken Sie nochmals alle Punkte durch, ob Ihre Vorbereitung allen Anforderungen entspricht. Wenn Sie innerlich bereit zum Handeln sind, dann starten Sie!

Checkliste

Gut vorbereitet ist mehr als halb gewonnen.

Die vier Bereiche der Vorbereitung:
Üben – Analysieren – Visualisieren – Konzentrieren

1. Üben

  • Verkaufsgesprächsführung, Verkaufstechniken
  • Einwandbehandlung, Preisgespräch
  • Persönlichkeitsentwicklung
  • Auftreten und Wirkung
  • Produktkenntnis
  • Finanzierungsmöglichkeiten
  • Marketingargumente
  • Kenntnis der relevanten Anwendungen von Hardware und Software
  • Erstellen und Pflegen einer Kundendatei
  • Aufbau von Sozialkompetenz und emotionaler Intelligenz
  • Entspannungs- und Motivationstechniken

2. Analysieren

  • Wie ist meine Ausgangssituation?
  • Wie ist die Ausgangslage des Unternehmens?
  • Wie ist die Lage der Konkurrenz?
  • Was können die Produkte des Wettbewerbs?
  • Wie ist das Preis-/Leistungsverhältnis des Wettbewerbs?
  • Wo ist der andere Wettbewerber besser?

- Welche Vorteile haben meine Produkte für diesen speziellen Kunden?
- Welche meiner Serviceleistungen sind für den Kunden besonders interessant?
- Was weiß ich über meinen Kunden?
- Warum kommt der Kunde zu mir?
- Mit welcher Einstellung kommt der Kunde?
- Was will der Kunde im Gespräch erreichen?
- Welche unserer eigenen Leute werden involviert?
- Wer sind die Entscheider im Kundenunternehmen?
- Wer sind die Menschen im Hintergrund?
- Wie sind die Entscheidungswege beim Kunden?
- Was will ich erreichen?
- Welche Ziele setze ich mir für das Gespräch?
- Welche subjektiven und objektiven Einflüsse muß ich berücksichtigen?
- Welche Faktoren von außen muß ich berücksichtigen, die ich nicht beeinflussen kann?
- Welche Strategie kann ich entwickeln und anwenden?

3. Visualisieren

- Drehen Sie einen Film des Verkaufsgesprächs mit allen beteiligten Darstellern.
- Stellen Sie sich den Ablauf des Verkaufsgesprächs inklusive des Ausgangs vor, so wie Sie ihn sich wünschen.
- Welche Personen sind beteiligt?
- Was wird gesagt?
- Wie wird es gesagt?
- Welche anderen Wahrnehmungen machen Sie?
- Welche Argumentationen können genannt werden, mit denen ich nicht rechne?
- Wie antworte ich darauf?
- Wie behalte ich die Führung im Gespräch?

• Wie handle ich aktiv, um mein Ziel zu erreichen?
• Was passiert, wenn ich mein Ziel im Gespräch erreicht habe?

4. Konzentrieren

• Ruhige Atmung durch die richtige Atemtechnik
• Vorher eine Konzentrationsübung
• Entspannen und locker bleiben
• Stimmen Motivation und Selbstvertrauen?
• Wie ist meine innere Einstellung?
• Überblick bekommen
• Sind alle Unterlagen und Präsentationen vollständig?
• Habe ich wirklich alles unternommen, um das Gespräch optimal zu führen?
• Sind meine Gedanken zu 100 Prozent bei der Situation?
• Habe ich meine Antennen ausgefahren, um nonverbale Signale des Kunden zu empfangen?

Zur Vorbereitung gehört auch ein Erfolgsrezept der besten Verkäufer: Setzen Sie sich ein Ziel, das Sie im Gespräch erreichen wollen und visualisieren Sie, wie Sie dieses Ziel erreichen.

Wenn Sie sich für Ihr Verkaufsgespräch ein meßbares Ziel gesetzt haben, das auch überprüfbar ist, dann haben Sie schon eine wichtige Voraussetzung geschaffen, daß Sie es auch erreichen werden. Gerade in heiklen Preisgesprächen gehen viele Verkäufer mit der Einstellung ins Gespräch: Mal sehen, was dabei herauskommt. Das erreichen Sie dann auch. Der Kunde kauft woanders, und Sie schauen hinterher.

Hier eine kleine Übung für Sie:
Schreiben Sie jetzt sofort zehn Ziele auf, die Ihnen wichtig sind. Nehmen Sie sich maximal drei Minuten Zeit dafür!

Schreiben Sie jetzt:

1. _____

2. _____

3. _____

4. _____

5. _____

6. _____

7. _____

8. _____

9. _____

10. _____

Übrigens: Echte Sieger schaffen es, in dieser Zeit 12 bis 15 Ziele auf-
zuschreiben! Wissen Sie eigentlich, daß nur etwa 10 Prozent der Menschen überhaupt Ziele haben? Und nur 3 Prozent schreiben sich ihre
Ziele auf. Die Erfahrungen von vielen erfolgreichen Verkäufern – und
auch ich mache diese Erfahrung immer wieder – zeigen, daß schriftlich formulierte Ziele die Eigenschaft haben, sich zu verwirklichen.
Auch unser Handeln und unsere Wahrnehmung wird von unserem
Unterbewußtsein so gesteuert, daß es dem Erreichen unserer Ziele
dient.

   Ist Ihnen auch schon folgendes Phänomen aufgefallen? Als Sie sich
auf der Suche nach einem neuen Auto für ein bestimmtes entschieden

hatten, ist Ihnen auf einmal ständig genau dieses begegnet. Ihre Wahrnehmung hatte sich auf die verstärkte Wahrnehmung für dieses Auto verschoben.

Boxenstop – Just one more thing:
Ein Verkäufer mit großen Zielen kann Großes erreichen.

Checkliste

Wie formuliere ich Ziele?

• Schriftlich
• Herausforderung, die erreichbar ist
• Abgegrenzt und meßbar
• Überprüfbar
• Positiv formuliert
• Der Zustand ist bereits eingetreten
• Abschlußdatum
• An Teilziele denken
• Was bin ich bereit zu investieren?
• Verträgt sich das Ziel mit anderen Zielen?

Wir kennen doch alle den Spruch: Das habe ich so kommen sehen. Genau darum geht es bei der Kunst der Visualisierung. Nur im positiven Sinn.

Haben Sie einen Kinofilm schon ein zweites Mal gesehen? Sie werden feststellen, daß Sie den Film ganz anders sehen und wahrnehmen, weil Sie das Ende schon kennen. Und diesen Effekt können Sie als Verkäufer auch nutzen. Ganz wenige, aber nachweislich sehr erfolgreiche Menschen setzen die geistige Verursachungskraft der Gedanken ein. Mit anderen Worten ausgedrückt: Ihre Gedanken haben die Eigenschaft, sich verwirklichen zu wollen. Um Sie zu beruhigen: Das hat nichts mit schwer meßbarer Übersinnlichkeit zu tun.

Wenn Sie sich Spitzensportler ansehen, arbeiten viele mit der gleichen Technik. So können beispielsweise Rodler ihr Rennen durch einen Eiskanal visualisieren. Ihr Trainer stoppt dabei die Zeit, wenn der Sportler durchs Ziel fährt. Diese Übungen werden solange wiederholt, bis im Zustand der Visualisierung die eigene Bestzeit unterschritten wird.

Für uns heißt das: Damit wir Ziele erreichen können, ist es ganz wichtig, daß wir uns das Erreichen dieser Ziele auch bildlich und plastisch vorstellen können. Alles, was wir uns bildlich vorstellen können, verstehen wir besser. Je mehr wir mit Visualisierungen arbeiten, um so leichter erkennen wir die Zusammenhänge und können in die Realisierung dieser Situationen eingreifen. Mit dieser Technik können wir erfolgreich auf kreative Art Probleme lösen, persönliche Ziele verfolgen oder den Verlauf von Verkaufsgesprächen vorherplanen.

Werden Sie doch einmal Regisseur Ihres eigenen Films mit dem Titel: Mein erfolgreiches Verkaufsgespräch.

Stellen Sie sich vor, Sie drehen einen Film. In schönen Farben mit den passenden Geräuschen inszenieren Sie das Verkaufsgespräch so, wie es nach Ihren Wünschen ausgehen soll. Planen Sie aber auch alle möglichen Einwände des Kunden mit ein.

Checkliste

Wenn Sie an der Visualisierung von Verkaufsgesprächen arbeiten, helfen Ihnen diese Fragen:

• Wer ist daran beteiligt?
• Wer sagt was?
• Wie agieren Sie?
• Wie werden Sie elegant reagieren?
• Wer wird welche Aussagen treffen?
• Wie fühlt es sich an, dieses Ziel erreicht zu haben?
• Was hören Sie dabei?
• Was sehen Sie?

* Was riechen Sie?
* Was schmecken Sie?
* Welche Auswirkungen hat das Erreichen des Zieles für Sie?
* Zu welchem Zeitpunkt haben Sie das Ziel erreicht?
* Wie können Sie den Erfolg messen?
* Welches sind die Schritte, mit denen Sie ans Ziel kommen?

Wenn Sie dann in die reale Situation des Gesprächs kommen, werden Ihnen manche Situationen so vorkommen, als ob Sie diese schon erlebt hätten. Sie werden souveräner reagieren und damit auch erfolgreicher im Abschluß sein.

Der Einfluß des Visualisierens auf die Körperfunktionen

Solche mentalen Erfolgstechniken werden von einigen Menschen leichtfertig als esoterischer Unfug abgetan. Im Leistungssport werden aber genau die gleichen Techniken sehr erfolgreich angewendet. Und die Auswirkung ist wissenschaftlich untersucht worden.

Hier noch eine kleine Anmerkung für alle Sportler unter Ihnen. Wenn Sie sich bildlich vorstellen, wie Sie eine bestimmte Bewegung ausführen, dann reagieren die entsprechenden Muskelgruppen minimal entsprechend der vorgestellten Bewegung (Arparter Effekt, ideomotorisches Prinzip). Allein durch die mentale Vorstellung werden Signale über das Nervensystem an diese Muskeln gesendet.

Untersuchungen aus den 30er Jahren von Dr. Edmund Jacobsen zeigten, daß man allein durch das Visualisieren vom Anspannen und Entspannen bestimmter Muskeln lernen konnte, wie man seine Muskeln koordiniert, ohne sie in Wirklichkeit angespannt oder entspannt zu haben. Über Biofeedback ist es sogar möglich, sogenannte unwillkürliche Körperfunktionen wie Blutdruck, Puls und Körpertemperatur zu beeinflussen.

Ein anderes Beispiel:
Ein volkstümlicher Dichter steht vor einer Unterredung mit seinem Verleger. Es könnte zu erwarten sein, daß der Verleger von seinem Werk nicht allzu begeistert sein wird. Bevor er nun zu diesem Termin geht, setzt er sich an seinen Tisch, legt seine Unterlagen vor sich hin, entspannt sich und schließt die Augen. In seinem visualisierten Film sitzt er dem Verleger gegenüber. Er hört alle möglichen Einwände nacheinander und überlegt sich zu jedem einzelnen seine passende Antwort. Dann steht er auf, nimmt sein Werk und geht zu seinem Verleger. Seine Gedichte werden gedruckt und sind auch heute noch bekannt. Auf den Umschlägen seiner Bücher finden Sie seinen Namen: Johann Wolfgang von Goethe.

Warum sollten wir also die Macht unserer Gedanken nicht auch für das Erreichen unseres Ziels für das Verkaufsgespräch einsetzen?

Verkaufserfolg resultiert aus einer systematischen Vorbereitung

Stellen Sie sich doch einmal Ihre eigene Checkliste für Ihre eigene Vorbereitung auf ein Verkaufsgespräch zusammen!

Sehen Sie sich die beiden folgenden Aussagen einmal näher an:

Aussage 1: »Glück, Zufall und Risiko sind die Erfolgsfaktoren der Zukunft.«

Aussage 2: »Sieger glauben nicht an den Zufall.«

Welcher Aussage stimmen Sie zu?

☐ Aussage 1   ☐ Aussage 2

Obwohl sich beide Aussagen dem ersten Anschein nach widersprechen, ist es doch erstaunlich, denn beide Gedanken hat ein Autor im gleichen Buch formuliert: Edgar K. Geffroy in »Das einzige, was stört, ist der Kunde.«

Die zweite Aussage ist eher die klassische für Hardliner und die seit Jahrzehnten gelehrte. Sicherlich steckt in ihr ein großes Stück Wahrheit, und sie hat ihre Berechtigung. Die erste Aussage aber ist eine Meinung, die zukünftige Erfolgsfaktoren beschreibt. Sie geht von einem etwas anderen Menschenbild aus und setzt auf die Macht der mentalen Techniken und des Unterbewußtseins.

In dem Spannungsfeld der Dualität dieser beiden Aussagen müssen wir leben und verkaufen, hier können wir uns entwickeln. Deswegen habe ich auch die beiden Punkte Ziele setzen und Visualisieren vor die Behandlung des eigentlichen Verkaufsgesprächs gestellt. Die Anforderungen der Kunden haben sich geändert. Weg vom technischen Verkaufsgespräch hin zum Beziehungsmanagement und Verkaufen mit emotionaler Intelligenz. Der Beruf ist anspruchsvoller geworden, aber auch interessanter.

Phasen des Verkaufsgesprächs

1. Die Aufwärmphase

Dazu möchte ich Ihnen zwei Fragen stellen:

Wann beginnt das Verkaufsgespräch für Ihren Kunden?

Ihre Antwort:

_____

_____

_____

_____

_____

Wann beginnt das Verkaufsgespräch für Sie als Verkäufer?

Ihre Antwort:

_____

_____

_____

_____

_____

Ein Familienvater macht sich am Samstagmorgen nach dem gemeinsamen Frühstück mit der Familie auf, sich ein neues Auto bei einem Autohändler anzusehen.

Wann beginnt für ihn das Verkaufsgespräch? Dieser Familienvater fährt quer durch die Stadt, quält sich durch den Stau und kommt endlich auf dem Gelände des Händlers an. Er fährt auf den Hof, wo einige Cola-Dosen und Verpackungen des benachbarten Fast-Food-Restaurants herumliegen. Ein freier Parkplatz ist nicht gleich zu finden, sondern erst hinten in der Ecke des Hofes. Er parkt in einer sehr engen Lücke. Weil es zwei Stunden vorher geregnet hat, tritt er beim Aussteigen in eine Pfütze. Beim Abschließen seines Fahrzeugs, kommt ihm ein Monteur entgegen:»Sie können hier nicht parken. Das ist ein Stellplatz für die Reparaturannahme.« Als er endlich die Tür zum Ausstellungsraum öffnet, kommt ihm die überhitzte und abgestandene Luft des Verkaufsraums entgegen. Und jetzt tritt der Verkäufer auf: »Herzlich willkommen in unserem Autohaus! Was kann ich für Sie tun?«

Wann hat für den Kunden das Verkaufsgespräch begonnen? Wirklich erst – wie der motivierte Verkäufer meinte – bei der freundlichen Begrüßung? Und als Nebenbemerkung: Für einen Verkäufer sollte das Verkaufsgespräch morgens beim Aufschlagen der Bettdecke, bei der Einstimmung während der Fahrt zum Kunden, spätestens bei der Vorbereitung auf das Gespräch beginnen. Wenn Sie als Verkäufer einen Kunden besuchen, denken Sie daran, daß der Kunde Sie bereits beobachten kann, wie Sie aus dem Auto steigen und in sein Gebäude gehen. Wie verhalten Sie sich in diesen Situationen?

Wenn Verkäufer und Kunde zusammenkommen, folgt logischerweise die Begrüßung. Haben Sie bei Ihren Einkäufen einmal beobachtet, wie Sie begrüßt werden? Leider passiert es viel zu häufig, daß wir überhaupt nicht begrüßt werden.

Werfen wir einmal einen Blick auf Columbo, wie er sich vorstellt:

Sein Gegenüber fragt ihn:»Wie ist ihr Name?«
»Inspektor Columbo.«
»Und ihr Vorname?«
»Inspektor.«

Nun, als Verkäufer wollen wir uns so nicht vorstellen. Columbo muß natürlich so antworten, weil das Geheimnis seines Vornamens gewahrt werden soll. Wissen Sie eigentlich den Vornamen von Columbo?

Wie sollte sich ein Verkäufer vorstellen? Richtig, mit Vor- und Zunamen.

Warum ist es wichtig, sich mit beiden Namen vorzustellen?
1. Im Hinblick auf die Schaffung einer persönlichen Beziehung ist es wesentlich persönlicher, seinen Vornamen zu nennen.
2. Das Gehirn braucht Zeit, um das Signal »Achtung, jetzt kommt ein Name« auch umzusetzen. Dann haben Sie meistens Ihren Namen schon gesagt, und der Kunde hat diesen nicht verstanden. Während Sie aber Ihren Vornamen aussprechen, hat das Gehirn des Kunden Zeit, um wenigstens den Nachnamen zu verstehen.
3. Durch die Nennung ihres Vornamens erhöhen Sie die Wahrscheinlichkeit, daß der Kunde sich wenigstens mit seinem Nachnamen vorstellt. Und wofür brauchen wir den Namen des Kunden? Richtig, um ihn persönlich anzusprechen und auf den Vertragsabschluß vorzubereiten.

Wenn Sie an der Ladentheke stehen und Kundschaft nur bedienen, werden Ihnen die nächsten Anregungen ziemlich unnötig erscheinen. Aber gerade die Phase, die auf die Begrüßung folgt, ist besonders wichtig, wenn wir abschlußorientiert verkaufen wollen.

Die Basis für gutes Verkaufen ist das menschliche Fundament. Ein guter Verkäufer muß Menschen mögen. Zeigen Sie Interesse für Ihre Kunden! Der Mensch ist so veranlagt, daß er bewundert werden will. Was wissen Sie über die Hobbys, die Familie, die Kinder, den letzten Urlaub des Kunden? Ein persönlicher Einstieg hilft Schranken abzubauen und schafft sogar Gemeinsamkeiten.

So ist zum Beispiel ein Verkäufer einer Nutzmaschinenfirma einmal zu einem seiner Kunden gekommen und hat diesen in seinem Büro besucht. Weil er ein professionell agierender Verkäufer sein will, hat er gelernt, sich für seinen Kunden zu interessieren. Als er das Büro betritt, sieht er sich aus den Augenwinkeln heraus in dem Zimmer um und entdeckt ein Wein-Diplom an der Wand. Daraufhin angesprochen erzählt der Kunde stolz, wie er dieses Diplom bekommen hat und wie er zum Weinkenner geworden ist. Das Gespräch läuft genauso, wie man es machen soll. Schließlich antwortet der Verkäufer, der nun endlich zum Thema kommen will: »Von Wein können Sie mir viel erzählen. Davon verstehe ich nichts. Ich trinke lieber Bier.«

Das war doch ein toller Einstieg – oder?

Angefangen hat er, wie es möglich sein könnte. Aber mit dieser letzten Bemerkung hat der Verkäufer wieder eine Barriere geschaffen. Deswegen muß Ihr Interesse an Ihrem Kunden schon ehrlich sein.

Auch Columbo interessiert sich immer für andere Menschen. Oft sagt er sogar, daß er den Beruf seines Gegenübers sehr gerne gelernt hätte. Solches Lob schafft ein gute Grundschwingung zwischen Menschen.

Verkaufsprofis führen von Ihren besten Kunden in ihrem Notebook eine kleine Kartei, in der sie nicht nur Umsatzzahlen und Besuchstermine vermerken, sondern auch Geburtstage, Hobbys, Vorlieben und Informationen zum Privatleben – je nach dem wie stark auch die persönliche Beziehung zum Kunden ist. Wenn Sie auch über private und andere Themen abseits vom Geschäft reden, haben Sie die Möglichkeit, Ihre persönliche Beziehung zum Kunden aufzubauen und zu steigern. Viele Verkäufer reden sehr gerne über Interessen. Aber leider meistens nur über ihre eigenen. Wenn der Kunde sich ausführlich die Geschichten des letzten Traumurlaubs anhören muß und er selbst aber wegen Arbeitsüberlastung, Urlaubssperre oder finanzieller Not sich keinen solchen Urlaub leisten kann, dann wird er Ihnen vielleicht höflich zuhören und an einen anderen Verkäufer denken, der ihn nach den Dingen gefragt hat, die ihm Spaß machen.

Heutzutage ist gerade ein perfektes Beziehungsmanagement in vielen Fällen die Grundlage für eine gute Geschäftsbeziehung. Warum wohl werden Ihrer Meinung nach auf Golfplätzen Geschäfte von ganz beachtlichem Wert abgeschlossen?

Wer legt schon Wert auf Äußerlichkeiten?
Ihr Kunde tut es, wenn auch manchmal unbewußt. Für den Abschluß eines Kaufvertrages haben Sie oft verschiedene Chancen. Aber für den ersten (optischen) Eindruck gibt es keine zweite Chance. Wenn Verkäufer mich fragen, wie sie denn gekleidet sein sollen, antworte ich: Auf keinen Fall so, wie man sich einen typischen Verkäufer vorstellt. Machen Sie etwas aus sich! Eine Kleidungsvorschrift kann niemand machen. Auch erwarten verschiedene Zielgruppen verschiedene Kleidung. Wer viel auf dem Land unterwegs ist, darf keinen Anzug mit Krawatte tragen. Da kann es passieren, daß er davongejagt wird. Einen Tip gebe ich aber: Kleiden Sie sich eine Nuance besser als Ihre Kunden. Nur etwas besser. Das strahlt Respekt dem anderen gegenüber aus. Sie wirken dann aber auch nicht overstylt und überheblich.

2. Was sind die Bedürfnisse und Wünsche des Kunden?

Die zweite Phase des Verkaufsgesprächs wird oft Bedarfsermittlung genannt. In der Ausbildung der Verkäufer bei Audi heißt diese Phase sogar Qualifizierung des Kunden. Wie technisch! Der Kunde ist ein

Mensch und will auch so behandelt werden! Denken Sie deshalb einmal über die Wünsche des Kunden nach. An späterer Stelle bekommen Sie eine psychologische Erklärung, warum sich der Kunde lieber seine Wünsche erfüllt als seinen Bedarf deckt.

Den Standpunkt des Kunden ergründen
Wenn ein Kunde zu Ihnen kommt und zehn Kilogramm Kartoffeln haben will, dann verkaufen Sie nicht, dann verteilen Sie. Das eigentliche Verkaufen beginnt immer erst dann, wenn sich der Kunde unsicher oder unentschlossen ist oder sogar schon Nein gesagt hat.

Am Anfang eines Verkaufsgesprächs stehen zwei Standpunkte:
• Ihr Standpunkt als Verkäufer
• Der Standpunkt des Kunden

Sie können auch sagen: die Position oder der Blickwinkel des Kunden. Beginnen Sie deshalb immer beim Standpunkt des Kunden. Setzen Sie sich bildlich gesehen auf den Platz des Kunden. Sie werden so einen neuen Blickwinkel erleben dürfen. Spielen Sie den Beobachter, versuchen Sie aus Sicht des Kunden zu sehen, zu fühlen, zu denken und zu reden.
    Um zu erfahren, was der Kunde braucht und was er will, welche Bedürfnisse und Wünsche er hat, fragen wir ihn, und dann brauchen wir ihm nur noch zuzuhören. Er sendet so viele Signale aus, die uns zeigen, was er will. Lernen Sie, diese zu hören. Aus den Botschaften des Kunden werden Sie neue Fragen entwickeln und dann wieder gut zuhören. Das nennt man auch proaktiv zuhören. Ganz besonders wichtig ist es, den Kunden ausreden zu lassen. Oft sagt der Kunde die wichtigsten Informationen erst am Schluß.

Wer fragt, der führt
Von der Psychologie her gesehen ist es für uns als Verkäufer sehr interessant, daß derjenige, der in einem Gespräch die Fragen stellt, das Gespräch anführt. Er bestimmt auch, wohin das Gespräch gelenkt

werden soll. Wenn der Kunde also zu viel fragt, beantworten Sie die Frage des Kunden gewissenhaft und schließen Ihre Antwort mit einer Gegenfrage, die den Kunden veranlaßt, über seine Wünsche nachzudenken und Ihnen diese mitzuteilen.

Damit wir auch die richtigen Fragen stellen, müssen wir darauf achten, wie wir diese Fragen stellen. Unsere Fragen sind immer dann gut, wenn der Kunde spürt, daß wir uns ehrlich für ihn, seine Ziele und Wünsche interessieren.

Grundsätzlich gibt es zwei Arten von Fragen:
• Öffnende Fragen
• Schließende Fragen

Öffnende Fragen beginnen fast immer mit einem »W« bzw. mit einem Fragewort. Einfache Beispiele dafür sind: »Was suchen Sie? Worauf legen Sie Wert? Welche Ausstattung bevorzugen Sie? Was ist Ihre Wunschfarbe? Welche Lösung stellen Sie sich vor? Wann brauchen Sie das Produkt?«

Bei den öffnenden Fragen kann der Kunde nicht nur mit Ja oder Nein antworten. Er muß schon etwas ausführlicher werden. Wenn Sie den Kunden fragen: »Gefällt Ihnen dieses Gerät?«, kann er leicht auch mal Nein sagen. Fragen Sie statt dessen: »Was gefällt Ihnen daran?« Sie werden Antworten bekommen. Sie finden wesentlich schneller die Wünsche des Kunden heraus und können wieder agieren.

Schließende Fragen werden normalerweise erst zum Ende des Verkaufsgesprächs benötigt. Die schließenden Fragen beginnen oft mit einem Verb. Darauf kann der Kunde mit Ja oder mit Nein antworten.

Sie können ihm auch die Möglichkeit geben, sich für eine Alternative zu entscheiden. Wir brauchen diese Fragen, wenn wir etwas untermauern, klären oder abschließen wollen. »Verstehe ich Sie richtig: Sie wollen lieber das kleinere? Möchten Sie lieber diese Stoffqualität? Sind Sie damit einverstanden, wenn wir die größere Lösung wählen? Möchten Sie Ratenzahlung? Darf ich den Auftrag bestätigen?«

Wenn sich der Kunde im Laufe Ihrer Fragen über Eigenschaften Ihres Produkts oder Ihrer Dienstleistung positiv äußert, dann greifen Sie diesen Punkt auf und verstärken ihn. Je mehr positive Punkte Sie aufgreifen und verstärken, desto näher kommen Sie Ihrem Ziel.

Beispiel:»Sie sagten, Sie finden die Größe gut. Was gefällt Ihnen daran?« Der Kunde hat jetzt die Gelegenheit, die positiven Seiten Ihres Angebots zu wiederholen und sich diese auszumalen. Er verkauft sich dieses Produkt im wahrsten Sinne des Wortes selbst. Auch steigert er dabei seine eigene Wertvorstellung und wird später auch nicht so stark am Preis verhandeln wollen.

Und wenn der Kunde Negatives über Ihr Produkt sagt?

Alles Negative, was der Kunde über ein Produkt sagt, sollten Sie tunlichst elegant umschiffen und bestenfalls gar nicht darüber reden. Je länger Sie über negative Aspekte reden, um so breiter treten Sie die Fehler. Im Kopf des Kunden werden diese schließlich immer größer, und der Kunde wird gehen, ohne zu kaufen.

Sie können einfach das Negative überhören und gleich wieder einen für den Kunden vorteilhaften Aspekt ansprechen. Beispiel:»Ihr Auto wäre sehr nützlich, aber mir gefällt die Farbe nicht.« Jetzt greifen Sie das Positive auf und antworten:»Sie sagen, das Auto ist sehr nützlich, wie werden Sie es denn einsetzen?« Und der Kunde beginnt sich in seiner Phantasie auszumalen, wie er das Auto einsetzen kann …

Natürlich können Sie dem Kunden bei einem Mangel Recht geben, aber dann sollten Sie sofort umschwenken:»Aber dort an dieser Stelle ist ein Rostfleck.«

»Sie haben recht, Herr Schmidt. Habe ich Sie gerade recht verstanden, daß die Motorleistung Ihren Wünschen entspricht?«

Wenn Sie mit dem Kunden über Einzelheiten reden, wo Sie überhaupt keinen Punkt machen können, dann wechseln Sie den Standpunkt und reden über ganz andere Vorteile Ihres Angebots.

Alles Negative bringt Sie von Ihrem Ziel weg. Negative Aspekte oder Fehler können Sie nicht wegdiskutieren. Und mit dem Kunden darüber ausführlich zu diskutieren bringt schon überhaupt nichts. Er hat leider immer recht. (Auch wenn er einmal nicht recht haben sollte. Denn auch wenn Sie den Kunden davon überzeugen sollten, daß er im Unrecht ist, wird er dann ziemlich sicher nicht mehr bei Ihnen kaufen. Er wird dahin gehen, wo er nicht belehrt wird. Und Sie sind dann doch der Verlierer.)

Auch können Sie durch geschickte Rückfragen die Denkrichtung Ihres Kunden ändern. Wenn der Kunde sagt: »Das kann ich doch gar nicht gebrauchen!«, dann können Sie antworten: »Lieber Kunde, darf ich Ihnen noch eine Frage stellen: Was können Sie gebrauchen?«

Noch ein Tip: Es kann Ihnen passieren, daß Sie dem Kunden eine Frage stellen und er eigentlich nicht weiß, worauf Sie hinauswollen, weil Sie in Ihren Gedanken schon viel weiter waren. Das kann ihn verunsichern. Je mehr es Ihnen gelingt, solche Fragen zu begründen, desto besser können Sie das Gespräch lenken.

Beispiel: Sie fragen:»In welchen Monaten haben Sie die höchsten Zahlungseingänge?« Diese Frage kann ein Kunde als sehr indiskret ansehen. Wenn wir die Frage aber gleich begründen, wird der Kunde Ihnen für diese Frage vielleicht sogar sehr dankbar sein: »Ich frage Sie deshalb, weil ich ihnen mit den Zahlungskonditionen entgegenkommen will.«

Zum Thema Fragetechnik möchte ich mit Ihnen gerne noch einen kleinen Ausflug in das Gefühlsleben des Kunden machen:

Lieber Kunde, wir sind hier zusammengekommen, weil Du bestimmte Bedürfnisse und Wünsche hast und ich Dir dabei helfen kann, diese zu verwirklichen. Wenn ich Dir aber dabei helfen soll, muß ich zuerst Deine Wünsche und Bedürfnisse kennen. Deswegen möchte ich Dir gerne einige Fragen stellen: Was ist Dir wichtig in bezug auf mein Produkt oder meine Dienstleistung? Mit welchen Problemen kämpfst Du, und wie hast Du sie bisher gelöst? Wie paßt mein Produkt oder meine Dienstleistung in Deine Wünsche und Lebensgewohnheiten? Was bedeutet es für Dich, wenn Du mein Produkt jetzt nicht kaufst? Worauf müssen wir beide besonders achten, damit Du dieses Produkt mit einem guten Gefühl kaufst? Ich bin gut vorbereitet auf dieses Fragespiel. Notfalls habe ich eine Checkliste mit Fragen dabei, damit wir auch nichts vergessen. Ich will Dir nur etwas verkaufen, was Dir auch dient und womit Du lange Spaß haben kannst.

Soweit ein kleiner Ausflug in das Gefühlsleben eines Kunden. Gewinnen Sie nicht viel Vertrauen, wenn Sie mit dieser Einstellung an die Klärung der Bedürfnisse und Wünsche des Kunden herangehen?

Wie Sie die hohe Schule der Fragetechnik lernen können, werden Sie in diesem Buch noch erfahren.

3. Wie kann ich dem Kunden nützlicher sein?

Als guter Verkäufer können Sie jede Chance nutzen, um dem Kunden mit Taten zu beweisen, daß Sie ihm nützlich sein wollen – besser noch: Nützlicher als die anderen. Das sollte sich auch in dem Angebot widerspiegeln, das Sie Ihrem Kunden präsentieren. Ja, ich sage hier ganz bewußt präsentieren. An dieser Stelle ist der Showmaster in Ihnen gefragt. Denken Sie einmal daran, wie Columbo die Auflösung seiner Fälle inszeniert und präsentiert. Das können Sie doch auch!

Malen Sie dem Kunden in allen Farben aus, wie er sich seine Wünsche mit Ihrem Angebot erfüllen kann. Wenn der Kunde auf den ersten Blick erkennt, daß Sie alle seine Wünsche mit Ihrem Angebot berücksichtigt haben, bekommen Sie etwas mehr Vertrauen entgegengebracht als Ihre Mitbewerber.

Ein Bekannter von mir – er arbeitet als Außendienstler in einem Verlag – wollte, weil er geschäftlich und privat sehr viel unterwegs ist, sich wieder ein neues Auto kaufen. Beim Autohändler angekommen, bat er um eine Probefahrt und bekam diese auch. Der Verkäufer machte mit ihm eine Probefahrt und erklärte ihm während der Fahrt die Vorteile des neuen Bremssystems und der Querlenkerhinterachse. Auch die neue schallschluckende Aufhängung des Motors und die revolutionär neue Art der Benzineinspritzung, die etwa 10 Prozent Benzineinsparung möglich mache.

Nun, mein Bekannter wollte sich die ganze Angelegenheit noch einmal überlegen. Er ging noch in ein zweites Autohaus. Dort ließ ihn der Verkäufer nach einem kurzen Gespräch erst einmal zehn Minuten mit dem Auto allein, für das er sich interessierte. Bereits während dieser Zeit stellte sich mein Bekannter vor, wie es sich denn anfühlen könnte, mit diesem Auto unterwegs zu sein. Er war schon Feuer und Flamme für dieses Auto. Als der Verkäufer wiederkam, konnte er die Begeisterung meines Bekannten für das Auto spüren und holte zum letzten entscheidenden Schlag aus und sagte: »Wissen Sie was? Mit mir eine Probefahrt zu machen, macht nicht viel Sinn. Warum nehmen Sie das Auto nicht einmal einen Tag mit und machen einen kleinen Ausflug mit Ihrer Frau?«

Was meinen Sie wohl: Wo hat mein Bekannter sein Auto gekauft?

Wie können Sie Ihr Angebot besser präsentieren als Ihre Verkäuferkollegen?

Wenn Sie eine gute Wunschermittlung gemacht haben, sollte es für Sie kein Problem sein, Ihrem Kunden das richtige Angebot zu präsentieren, in dem er seine Wünsche wiederfindet und von Ihnen wiederholt bekommt.

Hat der Kunde Probleme oder Bedürfnisse geschildert, so erzählen Sie ihm, wie er diese mit Ihrem Angebot lösen kann. Zeigen Sie dem Kunden deutlich, wie sich seine Wünsche damit erfüllen lassen. Das tut nämlich sonst kaum ein anderer. Hier lassen sich zudem weitere Vorteile und Nutzen anfügen. Auch Zahlen und weitere sachliche Argumente können die Argumente für die Wunscherfüllung unterstützen.

Sollte Ihr Kunde einmal ganz unentschlossen sein und merklich zögern, schlagen Sie ihm einen Listencheck mit den jeweiligen Plus- und Minuspunkten vor. So kann er sich leichter überzeugen lassen, wenn er die Argumente schwarz auf weiß vor Augen sieht. Vielleicht überwindet er seine Angst vor dem Kaufen leichter? Gerade die Einwände der Kunden zeigen oft ihre Unsicherheit auf. Jeder Kauf ist für den Kunden ein Wagnis.

Deshalb ist es eine Ihrer wichtigsten Aufgaben, dem Kunden die notwendige Sicherheit zu geben: Ja lieber Kunde, Sie haben hier die richtige Wahl getroffen. Vertrauen Sie mir! Der Kunde wird Ihnen vertrauen, wenn Sie seine Wünsche mit Ihrem Angebot erfüllen können. Manchmal ist es schon passiert, daß Kunden nach dem Kauf in ein weiteres Geschäft gegangen sind und sich das gleiche Produkt haben noch einmal anbieten lassen, nur um noch einmal die Bestätigung zu bekommen, daß Ihre Entscheidung auch die richtige war.

Noch ein Wort zu Thema Einwände
Sicherlich kann der Kunde nach Ihrem Angebot noch Einwände vorbringen. Wenn er das tut, dann gehen Sie wieder in die Phase der Wunsch- und Bedarfsermittlung und fragen den Kunden erneut. Geben Sie ihm dann ein neues Angebot, das diese neuen Wünsche erfüllen kann.

Mit anderen Worten: Wenn der Kunde wichtige und vielleicht auch richtige Einwände vorbringt, dann haben Sie in der Phase der Wunschermittlung einen Fehler gemacht und die falschen Fragen gestellt. Die Antwort bekommen Sie vom Kunden auf diese Weise. Nutzen Sie die Chance, jetzt die richtigen Fragen zu stellen. Bringen Kunden dennoch immer wieder neue Einwände, dann kann es sein, daß sie gar nicht kaufen wollen. Auch das können Sie herausbekommen: »Lieber Kunde, darf ich Ihnen noch eine Frage stellen? Was kann ich jetzt noch tun, daß Sie das Produkt kaufen wollen?« Oder: »Was hält Sie jetzt noch vom Kauf ab?« Spätestens jetzt sollten Sie vom Kunden eine ehrliche Antwort bekommen.

Ein Teilnehmer meiner Trainings hat einmal angemerkt: Wenn wir zuerst die Wünsche unseres Kunden kennenlernen, dann ist ja diese Angebotsphase wie eine Bescherung für den Kunden. Recht hat er!

4. Das Preisgespräch

Während des ganzen Verkaufsgesprächs können wir die Wertvorstellung dessen, was wir verkaufen, im Kopf des Kunden erhöhen. Beim

Preisgespräch selbst müssen wir die Spannung aushalten können, die dabei entsteht. Wenn wir den Preis mit dem nötigen Selbstbewußtsein nennen, ist die Schranke etwas höher, daß der Kunde anfängt, über den Preis zu verhandeln. Zum Leidwesen vieler Verkäufer hat sich gerade zum Thema Preisgespräch das Verhalten der Kunden in den letzten Jahren radikal geändert. Deshalb ist genau dieses Thema eines der Schwerpunkte der Columbo-Strategie®.

Wie nenne ich den Preis?
Die Nennung des Preises wird normalerweise im Rahmen der Angebotspräsentation erfolgen. Packen Sie deshalb den Preis auch für den Kunden schön ein, und versuchen Sie auch hier wieder eine Werterhöhung im Kopf des Kunden zu erreichen. Bevor Sie also den Preis nennen, wiederholen Sie nochmals die wichtigsten Angebotsmerkmale. Und Ihr Produkt »kostet« nicht. Die Produkte der Konkurrenz kosten etwas. Ihre Produkte bekommt er. Vergessen Sie nach der Nennung des Preises nicht, weitere Vorteile oder Servicepunkte anzuführen. (Beispiel: »Dieses schöne Designer-Ledersofa mit extra starkem Buffalo-Leder in Ihrer Wunschfarbe bekommen Sie für Acht-Fünf. Darin enthalten ist unser Service. Das bedeutet für Sie, daß Lieferung und Aufbau kostenlos sind und Sie eine erweiterte Garantie von zwei Jahren haben.«)

Kommt die Preisfrage vom Kunden zu früh, können Sie etwa so antworten: »Sehen Sie, wir haben Produkte von DM 1.500,– bis DM 6.000,–. Bevor ich Ihnen einen Preis nennen kann, lassen Sie uns doch einmal zusammenstellen, was Sie genau benötigen. Ich werde Ihnen dann ein auf Sie abgestimmtes Angebot machen. Einverstanden?«

5. Die gemeinsame Vereinbarung

Wenn ich Verkäufer frage: Was steht am Ende eines Verkaufsgesprächs?, bekomme ich fast immer die Antwort: Der Abschluß.

Genau das haben Verkaufstrainer über Jahrzehnte hinweg in ihren Seminaren geschult. Wie traurig eigentlich. Kann nicht gerade der Auftrag des Kunden der Beginn einer langen Geschäftsbeziehung sein? Hier müssen wir den Blickwinkel wechseln. Natürlich wird ein Verkäufer immer versuchen, seinen Abschluß zu bekommen. Aber was passiert, wenn er ihn nicht bekommt? Was macht er dann? Ist er gescheitert? Viele Verkäufer sind dann frustriert.

Schauen wir uns einmal die Motivation eines Verkäufers an. Der Kunde betritt ein Geschäft, oder der Verkäufer kommt zum Kunden. Der Einstieg in das Gespräch verläuft sehr gut, eine persönliche Beziehung läßt sich aufbauen. Die Motivation des Verkäufers wächst. Der Kunde erzählt von seinen Wünschen, und der Verkäufer merkt, er hat genau das richtige Produkt für diesen Kunden. Die Motivation steigt weiter an. Der Verkäufer präsentiert sein Angebot und zeigt dem Kunden, wie er seine Wünsche damit erfüllen kann. Der Kunde nickt zustimmend. Der Verkäufer hat den Zenit seiner Motivation erreicht und denkt nur noch an den Abschluß. Plötzlich sagt der Kunde: »Das muß ich mir nochmal überlegen.« Oder: »Das müssen wir in der Geschäftsleitung noch einmal besprechen.« Was passiert in diesem Moment mit der Motivation des abschlußorientierten Verkäufers? Sie wird bodenlos in den Keller fallen. Geknickt und frustriert wird er den Kunden verlassen und mit dieser Einstellung des Mißerfolgs den nächsten Kunden beglücken.

Was wird aber geschehen, wenn wir unseren Blickwinkel etwas ändern und uns sagen: Wir versuchen, mit dem Kunden eine gemeinsame Vereinbarung zu treffen. Natürlich können wir den Auftrag des Kunden als oberstes Ziel beibehalten, aber unsere Motivation wird nicht bodenlos in den Keller fallen, wenn wir uns weitere Ziele gesteckt haben, die wir gemeinsam mit dem Kunden noch erreichen können. Der Auftrag muß ja noch nicht weg sein. Wahrscheinlich können wir ihn noch bekommen.

Welche weiteren Vereinbarungen können wir noch mit unseren Kunden treffen?

• Ein weiterer Besuchstermin
• Ein schriftliches Angebot
• Ein Telefongespräch mit festem Termin
• Die Zusendung von weiteren Unterlagen
• Die Ausarbeitung eines weiteren Angebots
• Die Vereinbarung einer Testphase

Welche Vereinbarungen können Sie in Ihrem Bereich mit Ihren Kunden treffen?

_____

_____

_____

_____

_____

_____

_____

_____

_____

_____

Weil die meisten Verkäufer immer noch gerne abschlußorientiert verkaufen, habe ich für Sie noch einige erfolgreiche Verkäufertips für die Abschlußphase zusammengestellt:

Lassen Sie dem Kunden die Wahl
Der Kunde will das Gefühl haben, selbst auswählen zu können. Mit den richtigen Fragen geben Sie dem Kunden die Gelegenheit zu wählen. Und genau durch diese richtigen Fragen können Sie wieder die Wahl in die Richtung lenken, damit der Kunde seine Wünsche mit ihrem Angebot erfüllt sieht. Die Fragen stellen Sie so, als ob der Kunde schon gekauft hätte.

Bei diesen Fragen hat der Kunde die Wahl:
- Darf ich Ihnen das rote oder das blaue einpacken?
- Wo könnte dieses Möbelstück bei Ihnen zu Hause stehen? Im Wohnzimmer oder im Eßzimmer?
- Möchten Sie lieber Leder oder Lammfell als Auflage?
- Möchten Sie lieber Ratenzahlung oder mit 3 Prozent Skonto bezahlen?

Wie lassen Sie Ihrem Kunden die Wahl?

_____

_____

_____

_____

_____

_____

_____

Ein alter Trick: Das Ja-Sammeln
Sie haben eine Digitalkamera präsentiert, und der Kunde fragt: Was kostet die denn? Ja, lassen Sie uns noch einmal überlegen: Sie wollten eine Kamera mit einem relativ kleinem Zoombereich und hoher Auflösung? – Ja. – Sie legen Wert auf eine leichte Bedienung? – Ja. – Die Bildbearbeitungs-Software und eine zweijährige Garantie sollen dabei enthalten sein? – Ja. Und robust soll sie auch noch sein. – Diese eben besprochene Kamera bekommen Sie bei mir für …

Was haben Sie in diesem Beispiel getan? Sie können mit einigen Fragen die Zustimmung des Kunden gewinnen. Je öfter der Kunde auf Ihre Fragen mit Ja antwortet, um so leichter fällt dann auch die Entscheidung für den Kauf. Weil manche Verkäufer Angst vor dem Abschluß haben, verpassen Sie die Gelegenheit, die letzte Frage nach dem Kauf zu stellen. Wenn der Bogen überspannt ist, läßt die Motivation und damit die Bereitschaft des Kunden nach, den Kauf tatsächlich durchzuführen. Lassen Sie sich diese Gelegenheit nicht entgehen!

Ist das Verkaufsgespräch jetzt beendet?
Eine der wichtigsten Fragen des Verkaufsgesprächs kommt ganz am Schluß: Die Frage nach der Weiterempfehlung.
»Welchem Ihrer Bekannten möchten Sie den gleichen Service zuteil werden lassen? – Wir machen am Montag eine Weinverkostung. Wissen Sie jemanden aus Ihrem Bekanntenkreis, der Interesse an guten Weinen hat? – Haben Sie einen Bekannten, dem Sie einmal einen Gefallen tun wollen? Dann geben Sie ihm doch einmal diesen Gutschein mit. Wir verteilen ihn nur an ausgewählte Kunden.«
Diese und weitere Fragen können für Sie der Schlüssel für weitere Aufträge sein.

Abschlußorientiertes Verkaufen
Für viele Verkäufer und besonders auch Verkaufsleiter ist der Begriff vom abschlußorientierten Verkaufen immer noch das Ideal des Verkaufsgesprächs. Warum eine reine Abschlußorientierung nicht das Optimum sein kann, habe ich Ihnen durch die Idee der gemeinsamen Vereinbarung schon näher gebracht. Aber wo beginnt eigentlich die Abschlußorientierung? Sie beginnt nicht erst, wenn wir nach der Produktpräsentation den Kunden »abschließen« oder wie man auch so gerne sagt: zumachen.
Die gute Abschlußorientierung beginnt dort, wo jedes gute Gespräch beginnt: Bei der Begrüßung. Wenn Sie den Kunden freundlich begrüßen, zu ihm eine Beziehung aufbauen, die richtigen Fragen stellen, dann haben Sie begriffen, was Abschlußorientierung auch bedeuten kann.

Wie Sie eine gute Beziehung zu Ihren Kunden aufbauen können, sollen Ihnen die 13 Strategien für perfektes Kundenbeziehungsmanagement der Columbo-Strategie® im nächsten Kapitel verraten.

3. Kapitel
Wie baue ich ein perfektes Kunden-
beziehungsmanagement auf?

Management der Kundenbeziehung / Kundenbeziehungsmanagement

Nach welchen Kriterien kaufen Sie heute ein? Sicherlich gibt es die unangenehmen Versorgungskäufe. Neben diesen Einkaufsjobs wollen Sie dennoch beim Einkaufen auch etwas Spaß haben und es genießen können. Schließlich gibt man ja sein schwer verdientes Geld aus. Und da will man auch entsprechend behandelt werden. Diese Tatsache gilt für das Geschäft an den Endkunden genauso wie im B2B-Bereich. Auch in der Geschäftskundenbeziehung will der Einkäufer Partner des Verkäufers sein.

Der alte Spruch vom König Kunden ist heute nicht mehr aktuell. Der Kunde will nicht mehr bedient werden. Allein schon die Bedeutung, die im Wort bedienen steckt, drückt erstens eine unterschiedliche Ebene aus und schafft so eine Distanz. Zweitens kann bedienen nicht die Art von kompetenter Beratung sein, die der moderne Kunde fordert. Allzu schnell ist der Kunde dann wirklich bedient und geht.

Dieser Grundsatz der Partnerschaft stellt den Kunden mit Ihnen auf eine gleiche Ebene. Der Kunde will von Ihnen so behandelt werden, wie Sie es sich auch wünschen würden. Begrüßen Sie Ihren Kunden wie einen Freund und behandeln ihn während des gesamten Verkaufsgesprächs auch so.

Trotz Internet und den Telekommunikationsmöglichkeiten ziehen die meisten Menschen den Verkauf von Mensch zu Mensch vor. Topmanager wollen, wenn Verhandlungen ernst werden, von Angesicht zu Angesicht verhandeln. Auf der menschlichen Ebene werden eben auch Informationen weitergegeben, die unersetzlich sind. Interessant ist die Entwicklung, daß in dieser entstehenden virtuellen Welt der Stellenwert des Vertrauens stark wächst. Inzwischen verwenden Topmanager rund 70 Prozent ihrer Zeit, um mit Menschen zu reden. Alle Gespräche, die von einer menschlichen Beziehung getragen werden, haben mehr Vertrauenspotential. Deshalb fällt dem Kunden die Kaufentscheidung in diesen Gesprächen leichter.

Boxenstop – Just one more thing:
Haben Sie sich schon einmal Gedanken über den Kunden gemacht?
Wo kommt das Wort her? Was bedeutet es?
Was ist eigentlich der Kunde?
Der Kunde ist der Mensch, der sich über ein Produkt erkundigt. Ist er dann von einem kundigen Verkäufer kundig gemacht worden, gibt er von sich aus die Kunde: Ich will kaufen! Diese Willensäußerung wird dann von dem Verkäufer mit einer Urkunde versehen. Wird der Kunde von einem unkundigen Verkäufer schlecht beraten, fühlt er sich unkundig und tut seine Meinung kund: Er kündigt.

Durch ein perfektes Management der Beziehung zu Ihrem Kunden können Sie eine bessere Kundenbindung herbeiführen.

Zum Thema Kundenbindung und Kundenbeziehungsmanagement finden Sie neuerdings einen tollen Begriff aus dem Englischen, der scheinbar alle unsere Kundenbindungsprobleme lösen soll. Die Rede ist von Customer Relationship Management, in der Abkürzung CRM genannt.

Wenn Sie es genau übersetzten, ergibt sich keine neue Bedeutung für das Deutsche. Doch verbirgt sich hinter dem Kürzel CRM oftmals nicht eine gelebte Unternehmensphilosophie, sondern ein Computerprogramm mit ganz erstaunlichen Möglichkeiten. CRM-Lösungen versprechen dem Kunden, die Schlagzahl und Schlagkraft im Vertrieb zu erhöhen, Vertriebskosten radikal zu senken, neue Kundenpotentiale zu erschließen, eine neue Kundenloyalität zu schaffen und neue Differenzierungschancen auszuschöpfen.

Es ist schon sinnvoll, Informationen bei allen Kundenkontakten und Warentransaktionen automatisch zu sammeln und auszuwerten. Informationen können gewonnen werden aus Marketingkampagnen, Mailings, Kundenkontakten, Angebotshistorie, Auftragshistorie, Bonitätsprüfung, Auftragszyklen, Lieferinformationen, Kundendienstverträgen, Reparaturen, Servicefällen, Webanwendung und Serviceanfragen. Die Anbieter solcher Programme sprechen hier von einer 360-Grad Sicht auf den Kunden. Der Kunde wird transparent und angeblich durchschaubar gemacht. Wenn diese Informationen in allen Vertriebskanälen verwertbar gemacht werden, kann das Unternehmen schneller und gezielter auf Markttendenzen, Wettbewerber und individuelle Kundenforderungen reagieren.

Als Hilfsmittel mag dieses Instrumentarium durchaus sinnvoll sein und kann Sie in Ihrer Arbeit unterstützen. Ob es Ihnen allerdings Zeit sparen wird oder ob Sie dann im Außendienst am Abend noch vor dem Laptop sitzen und all die Daten eingeben, die Sie tagsüber gewonnen haben, ist eine andere Frage. Meiner Meinung nach sind diese Programme äußerst hilfreich, aber ich befürchte, es wird ziemlich lieblos mit ihnen umgegangen werden. Weil sich keiner für die Pflege der Kundendaten verantwortlich fühlt, sind die Kundendaten nicht aktuell. Bestimmt wird der Kunde am Telefon auch nicht freundlicher empfangen als vorher. Eigentlich macht der Kunde noch mehr Arbeit als vorher. Bevor solche hochintelligenten Programme in Unternehmen Einzug finden, muß eine gelebte Unternehmensphilosophie der Kundenbegeisterung eingeführt werden, damit diese Instrumentarien sinnvoll genutzt werden können.

Wenn Sie sich die Produktbeschreibungen dieser Programme ansehen, werden Sie feststellen, daß der Kunde im Mittelpunkt des Unternehmensinteresses steht. Er wird dabei aber so technisch mit einem Datenkranz definiert, daß es solche Kunden über die Masse gesehen zwar gibt, aber ob der einzelne immer so handeln wird, wie es das Programm gerne möchte, bleibt die Frage. Es fehlt dabei der Kontakt von Mensch zu Mensch.

Warum kaufen Menschen lieber in einer emotionalen Umgebung?

Die altbekannte Geschichte vom Eisberg

Sie kennen die Theorie vom Eisberg schon? Um so besser. Dann genießen Sie die Wiederholung. Die Eisberg-Theorie ist deshalb so beliebt, weil sie eine der wesentlichen Grundlagen liefert, wie wir mit unserem Kunden umzugehen haben.

Was ist die besondere Eigenschaft eines Eisbergs? Der Eisberg ragt nur zu etwa ein Siebtel aus dem Wasser heraus. Die wesentlichen sechs Siebtel bleiben unter dem Wasser verborgen. Sie sind der Grund, warum die Titanic unterging. Bildlich gesehen können wir das auch auf uns Menschen übertragen.

Wenn der Teil des Eisberges, der aus dem Wasser ragt, der Kopf des Menschen ist, dann sind die sechs Siebtel unter Wasser der Bauch des Menschen. Wenn sich ein Mensch für einen Kauf entscheidet, dann entspricht die Verteilung der Entscheidungsgründe ebenfalls dieser Aufteilung. Etwa ein Siebtel der Entscheidungen fällt der Mensch aus rationalen Beweggründen. Das sind die berühmten Kopfentscheidungen, wo der Verstand siegt. Da heißt es dann oft: Du mußt vernünftig sein.

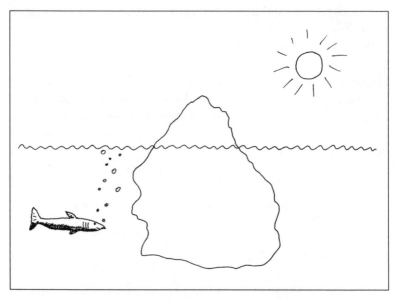

Abbildung 1

Sechs Siebtel der Entscheidungen hingegen werden vom Gefühl aus dem Bauch heraus getroffen. Das ist der Bereich, in dem man sich seine Wünsche erfüllt. Deswegen ist es für Verkäufer auch so wichtig, die Wünsche des Kunden herauszufinden. Die überwiegende Mehrheit der Entscheidungen werden gefällt, um sich einen Wunsch mit dem Kauf zu erfüllen.

Warum kauft sich ein Abteilungsleiter einen 5er BMW? Es ist ein Auto, mit dem er den Spaß am Fahren voll ausleben kann. Er kann Gas geben und wird von anderen wegen dieses Autos bewundert. Sein Image wächst, er ist stolz auf sich. Männer meinen, das Image ihres Autos überträgt sich auf sie selbst. Schauen Sie sich einmal die vielen älteren Herren eingezwängt in einen Porsche-Cabrio an. Sie sehen: Alles Gründe aus dem Bauch heraus.

Als aber dieser Mann mit dem BMW abends nach Hause zu seiner Frau und seinem kleinen Kind kommt, was wird er dort erzählen? Das ist ein großes, sicheres Auto. Für das Kind ist hinten viel Platz. Die zusätzlichen PS erhöhen die Sicherheit als Überholreserve. Hier überwiegen die Vernunftgründe.

Boxenstop – Just one more thing:
Es gibt einen Unterschied zwischen Bedarf und Wunsch

In Ihrer Betrachtungsweise sollten Sie unterscheiden zwischen den Kopfbedürfnissen, Bedarf genannt, und den Bedürfnissen des Gefühls, Wünsche genannt.

- Bei einem Auto ist der Bedarf vier Türen. Der Wunsch, der dabei im Hintergrund steht, ist bequemes Ein- und Aussteigen.
- Bei einem neuen Kleiderschrank ist der Bedarf seine große Staufläche. Der Wunsch ist, endlich wieder Ordnung zu haben und die Kleidungsstücke leicht zu finden.
- Bei einer Uhr ist der Bedarf das Zeitablesen. Der Wunsch ist, die Blicke der anderen auf sich zu ziehen oder schön auszusehen.
- Bei Lebensmitteln ist der Bedarf zu essen. Der Wunsch ist, einen

schönen Abend zu verbringen und ein leckeres Gericht zu genießen.

- Bei meinen Trainings ist der Bedarf Mitarbeiterqualifizierung. Der Wunsch ist, motivierte Mitarbeiter zu haben, die Umsätze steigern und Nachlässe reduzieren.
- Ein Verkäufer für Türschlösser verkauft nicht einfach Türschlösser, er verkauft Sicherheit.
- Ein Verkäufer von Doppelglasfenstern verkauft Ruhe, Wärme und Einsparung von Heizkosten.
- Ein Verkäufer von Swimmingpools verkauft Erholung und Wertzuwachs der Immobilie.

Wenn zwei solcher Eisberge aufeinander prallen, wo wird es zuerst funken? Genau, in der Gefühlswelt. Wenn es Streit oder Ablehnung gibt, wird er im Bauch entstehen. Aber auch die Zustimmung zwischen zwei Menschen kommt zuerst vom Bauch heraus.

Vielleicht werden Sie jetzt sagen: Ja, beim Endkunden funktioniert das alles so. Aber im B2B-Geschäft ist das alles ganz anders. Mein Einkäufer hat an der Pforte seines Unternehmens die Gefühle abgegeben und kauft nur nach Zahlen und dem günstigsten Preis ein.

Nun, wenn Sie sich nur auf die Preisdiskussion reduzieren lassen, dann kann Ihnen das passieren. Aber wie können wir damit umgehen? Sicherlich muß ein Einkäufer seine Entscheidungen gegenüber seinen Chefs rechtfertigen, aber will er nicht auch das gute Gefühl haben, die richtige Entscheidung getroffen zu haben? Wer gibt ihm die Sicherheit, richtig eingekauft zu haben? Sind es wirklich nur die Anschaffungskosten? Oder könnten Sie sich mit ihm nicht auch einmal über Betriebskosten, Ausschuß, Reklamationen oder den Motivationseffekt bei den Mitarbeitern unterhalten? Dann sind Sie wieder auf der Gefühlsebene und helfen Ihrem Kunden, sich seine Wünsche zu erfüllen. Übrigens werden zunehmend bei Ausschreibungen nicht mehr die günstigsten Anbieter bevorzugt. Qualitätsprobleme und Nachbesserungen haben die Einkäufer vieler Firmen eines besseren belehrt.

Warum kaufen Menschen?

Hier wird die Frage nach dem Antrieb des Menschen gestellt. Sie könnten auch fragen: Was gibt dem Kunden die Motivation zu kaufen? Ein Mensch kauft, weil er ein bestimmtes Defizit hat. Diese Defizite können Sie auch Bedürfnisse nennen.

Ein Beispiel:
Ein Familienvater möchte sich gerne ein Segelboot kaufen. Die Familie kann gut von seinen Einkünften leben. Aber für die Neuanschaffung eines Segelboots und die Unterhaltskosten reicht es noch nicht. Welches Bedürfnis hat dieser Mann?

Er will einen Ausgleichssport ausüben, bei dem er Ruhe und Entspannung findet. Das ist sein Bedürfnis. Aber ein Bedürfnis allein reicht nicht aus. Aus diesem Bedürfnis wächst der Wunsch zu segeln, und daraus entsteht die Motivation, sich diesen Wunsch zu erfüllen. Das Bedürfnis schafft also ein Motiv, das wiederum die Motivation (Energie) liefert zu handeln. Das Motiv in unserem Beispiel: Mehr Geld zu verdienen, damit er sich das Boot leisten kann. Schließlich wird er sich überlegen, wie er mehr Geld verdienen kann. Beispielsweise wird er mehr Verbesserungsvorschläge machen oder neue Ideen einbringen und mehr Verantwortung übernehmen. Solche Anstrengungen laufen früher oder später darauf hinaus, daß man befördert wird oder eine Gehaltserhöhung bekommt. So verdient er mehr Geld und kann sich seinen Wunsch erfüllen.

Diesen Wunsch können wir auch als Ziel bezeichnen. Wenn ein Kunde ein Ziel hat, sollten Sie es kennen. Wenn ein Kunde sich über seine Ziel im unklaren ist, sollten Sie dem Kunden helfen, seine Ziele klar zu formulieren. Das heißt eben wieder, dem Kunden zu helfen, das zu bekommen, was er wirklich braucht. Damit kann er sich wieder seine Wünsche erfüllen. Dafür wird Ihnen der Kunde dankbar sein.

Die logische Kette für das Kaufverhalten des Kunden verläuft also:

Bedürfnis → Motiv → Verhalten → Ziel

Boxenstop – Just one more thing:
Ihren Kunden helfen – wenn Sie es wirklich wollen, dann verstärken Sie diesen Wunsch in sich! Der Kunde wird es in Ihrer Ausstrahlung merken. Haben Sie aber nicht den innerlichen Wunsch, dem Kunden zu helfen, sondern ihm Unwahrheiten zu sagen oder ihn zu übervorteilen, so wird der Kunde das auch merken. Seien Sie also aufrichtig Ihrem Kunden gegenüber. Er wird es Ihnen danken, und Sie werden es auch in Ihrem Geldbeutel merken.

Die menschlichen Bedürfnisse

Wenn Sie von Existenzbedürfnissen wie Nahrung und Kleidung absehen, gibt es für das menschliche Handeln vier Grundbedürfnisse, die im Englischen alle mit dem Buchstaben P beginnen. Wir nennen Sie deshalb auch die 4 P's:

- Pride: Stolz, Anerkennung, Bewunderung, Image
- Profit: Profit, Gewinn, Geld, Wohlstand, Sparhilfen
- Pleasure: Vergnügen, Genuß, Spaß, Freude
- Peace: Ruhe, Frieden, Sicherheit, Gesundheit, Entspannung

Wenn Sie es einmal überprüfen, können Sie den Nutzen für die Bedürfnisbefriedigung aller Ihrer Produkte und Dienstleistungen mindestens in einen der vier Bereiche einordnen. Das gilt nicht nur für Produkte, sondern für alles, was Sie tun – egal ob beruflich oder privat. Diese vier Bedürfnisse sprechen alle das Gefühl an. Und hier schließt sich auch wieder der Kreis: Selbst ein Einkäufer, der nur nach dem Preis geht, will letztendlich sicher sein, daß er zum günstigsten Preis und das beste Produkt gekauft hat. Wenn ein Kunde die Sicherheit haben will, das richtige Produkt gekauft zu haben, warum geben Sie ihm diese Sicherheit nicht?

Letztendlich werden alle Kaufmotive auf ein gutes Gefühl zurückgeführt. Die Ausnahme bilden natürlich alle Kompromißentscheidungen, die unter der Maxime getroffen wurden: Wir müssen vernünftig sein.

Boxenstop – Just one more thing:
Achten Sie auf die Werbebotschaften in Anzeigen und Fernsehspots: Die Werbestrategien zielen immer auf eines oder mehrere dieser vier Grundbedürfnisse ab. Dadurch wird beim Kunden das Motiv (der Wunsch) geschaffen, das Produkt kaufen zu wollen oder die Dienstleistung in Anspruch nehmen zu wollen.

Wählen Sie jetzt drei Ihrer Produkte oder Dienstleistungen aus und formulieren, wie diese die vier Grundbedürfnisse Ihrer Kunden abdecken. Wie helfen Sie Ihren Kunden, diese Bedürfnisse zu befriedigen?

1. Produkt:

2. Produkt:

3. Produkt:

Sie sehen, es gibt gute Gründe dafür anzunehmen, daß (fast) jede Kaufentscheidung auf der emotionalen Ebene getroffen wird. Für ein gutes Verkaufsgespräch können wir sagen, der Kunde kauft sozusagen die Vorausschau auf ein von ihm erhofftes positives Gefühl. Sie als Verkäufer können dem Kunden helfen, dieses Gefühl schon für einen Moment im Verkaufsgespräch zu empfinden.

Stellen Sie Ihre Strategie um von Bedarf auf Wunsch oder Bedürfnis. So mancher Verkäufer muß sich an diesem Punkt umstellen, und das stellt sicherlich eine große Herausforderung dar. Doch die Anstrengung wird sich lohnen. Die Kunden erwarten zwar eine gute Beratung, aber eine gute Beratung auf emotionaler Ebene werden die wenigsten erwarten.

Und gerade in der heutigen technisierten Welt mit Vereinsamung und Isolation vieler Menschen als Begleiterscheinung wird ein solches Gespräch sich besonders positiv von den anderen mittelmäßigen abheben und für den Kunden zum Erlebnis werden.

Die 13 Strategien für ein perfektes Management der Beziehung zum Kunden nach der Columbo-Strategie®

1. Vorbereitung und Organisation

Columbo arbeitet absolut zielorientiert und ist dabei bestens vorbereitet und organisiert. In dieser Richtung soll er Ihnen sogar ein Vorbild sein. Wie Sie sich auf ein Verkaufsgespräch vorbereiten können, haben Sie in Kapitel 2 bereits kennengelernt. Machen Sie sich ruhig nochmals Gedanken, wie Ihre Vorbereitung hinsichtlich des ersten Eindrucks, den der Kunde von Ihnen hat, verbessert werden kann.

Kommt der Kunde zu Ihnen in ein Ladengeschäft? Welchen Eindruck von diesem Geschäft hat der Kunde, wenn er es betritt? Kann er sich sofort wohlfühlen? Ist alles an seinem Platz, damit Sie es auch sofort wiederfinden?
Gehen Sie zum Kunden? Wie wird der Kunde Sie zum ersten Mal wahrnehmen? Sind Ihre Unterlagen ordentlich aufbereitet? Haben Sie Präsentationsmappen und Prospekte kundengerecht vor- und aufbereitet? Was wird er an Ihnen wahrnehmen? Sind Sie noch in Eile, gerade auf die letzte Minute hereingeschneit? Haben Sie überhaupt einen Termin gehabt? Machen Sie sich Notizen von den wichtigsten Punkten, damit Sie den Kunden mit einer kurzen Gesprächsnotiz überraschen können?
Haben Sie einen gut ausgestatteten Verkäuferarbeitsplatz? Kommt der Kunde zu Ihnen? Welche Möglichkeit hat er zu sitzen? Wie ist Ihre Ordnung an Ihrem Platz? Rauchen Sie während des Gesprächs? Bekommt der Kunde Getränke?
Vorbereitung und Organisation beginnen bei vielen Kleinigkeiten. Achten Sie genau auf die vielen kleinen Botschaften, die Sie ihrem Kunden mitteilen. Organisation hat auch etwas mit Ihrem Zeitmanagement zu tun. Wieviel Zeit benötigen Sie für welche Tätigkeiten? Wo

sind Ihre Zeitkiller? Wie haben Sie den Ablauf des Gesprächs geplant? Wieviel Zeit hat der Kunde? Haben Sie ihn danach gefragt?

Boxenstop – Just one more thing:
Hier einige Tips für Ihr Zeitmanagement:
Gemäß dem Pareto-Prinzip machen Sie in 20 Prozent Ihrer Zeit etwa 80 Prozent Ihres Umsatzes und mit 20 Prozent Ihrer Kunden ebenfalls etwa 80 Prozent Ihres Umsatzes. Wenn Sie täglich nur zehn Minuten aufwenden, um Ihre Zeitplanung zu organisieren, können Sie Ihre Zeitfresser erkennen und sogar Arbeitszeit einsparen.

5 Schritte können Ihnen dabei helfen:
1. Stellen Sie eine Checkliste der Tätigkeiten für den nächsten Tag zusammen. Dazu gehören Aufgaben aus der Monatsliste, Unerledigtes vom Vortag, neue Aufgaben, Termine und regelmäßig wiederkehrende Aufgaben.
2. Schätzen Sie, wie lange Sie für das Abarbeiten jeder einzelnen Aufgabe benötigen werden. Tragen Sie die Summe der Zeit am Ende Ihrer Liste ein.
3. Verplanen Sie nicht mehr als zwei Drittel der Ihnen zur Verfügung stehenden Zeit. Das restliche Drittel muß für unvorhergesehene Ereignisse reserviert sein. Ist Ihre Aufgabenliste zu lang, dann kürzen Sie und verschieben einzelne Aufgaben auf andere Tage.
4. Entscheiden Sie, wie wichtig die einzelnen Aufgaben sind, und erstellen Sie eine Reihenfolge. Überlegen Sie, wo Sie Zeit kürzen oder Aufgaben an andere delegieren können. Eine wichtige Entscheidungshilfe ist dabei die Frage: Ist die Aufgabe wichtig für mich oder das Unternehmen und ist sie dringend? Wichtige und gleichzeitig dringende Aufgaben sollten Sie zuerst angehen. Auf Platz zwei kommen die wichtigen Aufgaben. Den Rest sollten Sie weglassen oder delegieren.
5. Kontrollieren Sie am Ende des Tages, welche Aufgaben Sie nicht erledigen konnten, und übertragen Sie diese auf den nächsten Tag.

Haben Sie eine Aufgabe schon mehrmals übertragen, dann packen Sie diese nun endlich an. Sie können sie vielleicht auch gleich streichen, weil sie sich bald von selbst erledigt hat.

Überprüfen Sie möglichst vor jedem Verkaufsgespräch die Ziele, die Sie sich gesetzt haben. Und wenn Sie nicht vor jedem Verkaufsgespräch ein Ziel setzen können oder wollen? Bitteschön, dann tun Sie es jetzt:

Meine Ziele für Verkaufsgespräche:

_____

_____

_____

_____

_____

_____

_____

_____

_____

_____

_____

Wenn Sie Präsentationen halten müssen, kleine Ansprachen oder Produktpräsentationen durchführen, verlassen Sie sich nie auf etwas, was Sie vorher nicht selbst überprüfen können:
• Funktionieren die Produkte?
• Kann ich notfalls auch bei Ausfall einer Online-Verbindung präsentieren?
• Wie kann man die Beleuchtung ein- und ausschalten?
• Funktionieren technische Geräte wie Overhead oder Beamer?
• Habe ich eine Sprechprobe vor der Veranstaltung gemacht?
(Es wirkt immer sehr »kompetent« wenn der Redner vortritt und sich vorstellt: Test, Test. Hallo, können Sie mich hören?)

2. Markenbildung

Columbo ist ein wahrer Meister der Markenbildung. Marke hat auch etwas mit Identifizierung und Wiedererkennung zu tun. Eine Marke kann sogar ein wichtiger Vertrauensanker sein.

Durch eine Marke können Sie einen funktionalen und einen emotionalen Mehrwert schaffen:

Der funktionale Mehrwert befriedigt wieder die Bedarfsdeckung. Markennutzen, Know-how oder Service sind solche funktionalen Mehrwerte. Der emotionale Mehrwert ist für die Erfüllung der Wünsche zuständig. Es sind Werte wie Vertrauen, Erfahrung, individuelle Beratung oder Image.

Der Prozeß der Markenbildung wird in der Fachsprache als Branding bezeichnet. Branding (engl.: to brand = einem Rind den Stempel des Eigentümers einbrennen) ist der Prozeß, bei dem eine für beide Seiten förderliche und gewinnbringende Beziehung zwischen der Marke und dem Kunden hergestellt wird. Eine erfolgreiche Marke bietet so dem Kunden ein hohes Maß an Qualität und Service. Die Marke ist so anziehend und vertrauenswürdig, daß sie beim Kunden Zuneigung und Loyalität hervorruft.

Deswegen ist der Kunde auch bereit, einen höheren Preis zu zahlen, als eigentlich angemessen wäre. Es gibt zahlreiche Agenturen, die sich ausschließlich damit beschäftigen, wie man eine Marke stärker und auch wertvoller machen kann.

Durch eine angesehene Marke kann auch der Unternehmenswert steigen. Den ideellen Mehrwert einer Marke, die den Wert für die Shareholder (Aktionäre) erhöht, nennt man Brand Equity.

Im Juli 2000 hat die Financial Times eine Aufstellung der wertvollsten Marken veröffentlicht:

Platz	Marke	Land	Markenwert in Milliarden US-Dollar
1	Coca-Cola	USA	72,50
2	Microsoft	USA	70,20
3	IBM	USA	53,20
4	Intel	USA	39,00
5	Nokia	Finnland	38,50
	Deutsche Firmen mit hohem Markenwert		
12	Mercedes	Deutschland	21,10
23	BMW	Deutschland	13,00

Zwei Aspekte der Markenbildung sollen beleuchtet werden:
• Die Marke Ihrer Produkte und Dienstleistungen
• Die Marke des Verkäufers

Wie können Sie aus Ihren Produkten eine Marke machen?

Besonders wenn Sie kein Markenprodukt verkaufen oder Ihre Produkte und Dienstleistungen extrem austauschbar sind, müssen Sie Gründe für den Kunden finden, warum er bei Ihnen kaufen soll. Es ist möglich, daß Ihnen der Kunde im Gespräch gesagt hat: »Wir verhandeln auch mit Firma C. Die sind auch gut, und im Preis werden wir uns schon einigen können.«

Was will der Kunde Ihnen damit sagen? Erstens kann es ein ganz unverschämter Preiskäufer sein, der die Firmen nur gegeneinander ausspielen will. Auf ein solches Spiel sollten Sie sich besser nicht einlassen und Ihre Wertigkeit gut verkaufen. Zweitens signalisiert er Ihnen: Ich bin zu Ihnen gekommen, weil ich mit dem Angebot der Firma C noch nicht ganz zufrieden bin. Irgend etwas stört mich dabei. Bitte helfen Sie mir und sagen mir, warum ich bei Ihnen kaufen kann. Deswegen haben Sie auch noch einen Termin bei mir bekommen.

Ihre Aufgabe als Verkäufer ist es also, ein Unterscheidungsmerkmal zu dem Angebot der Wettbewerber zu finden. Sie können also antworten:»Ja, da gebe ich Ihnen Recht, Firma C ist ein gutes Unternehmen, aber wollen Sie wissen, in welchen Punkten wir uns unterscheiden?« Sie machen den Kunden neugierig. Hier zahlt sich Ihre gute Vorbereitung aus. Denn schon vorher haben Sie alle Argumente und Leistungsmerkmale gesammelt, die Sie jetzt einsetzen können.

Übung:
Nehmen Sie drei Ihrer Produkte und Dienstleistungen und schreiben Sie auf, warum Ihre Kunden diese gerade bei Ihnen kaufen sollen. Oder: Warum sind diese Produkte bei Ihnen besser als bei Ihren Mitbewerbern?

_____

_____

_____

_____

_____

_____

_____

Die beste Möglichkeit, sich vom Mitbewerber zu unterscheiden, ist die Formulierung eines sogenannten USP. Das kommt aus dem Englischen und heißt Unique Selling Proposition. Übersetzt können wir einzigartiges Verkaufsversprechen sagen. In Ihrer gesamten Kommunikation können Sie es anwenden. Je mehr Sie sich aus dem Gesamtangebot herausheben, um so mehr Chancen haben Sie, mit Ihrem Angebot erfolgreich zu sein.

Suchen Sie sich also die Argumente, warum Sie in einer kleinen Nische die ersten, einzigen, besten, schnellsten, preiswertesten, rentabelsten, kreativsten oder was auch immer sind. Das ist ein wichtiges Argument für Ihren Kunden. Das will er von Ihnen hören, und deswegen gibt er Ihnen auch die Chance für ein Gespräch.

Welches ist Ihr USP?

_____

_____

_____

_____

_____

Sie haben auch die Möglichkeit, sich von der Konkurrenz durch Ihr individuelles Unterscheidungsmerkmal abzugrenzen. Im Englischen heißt das POD oder Point of Difference. Diese Unterscheidung können Sie zu einem Wettbewerbsvorteil umformulieren. Ihr Angebot muß nicht besser oder schlechter sein als das des Wettbewerbers, nur anders. Arbeiten Sie an einem anderen Angebotskonzept! Wechseln Sie doch einmal die Sichtweise: Wie können Sie Ihr Angebot anders verpacken?

Wenn der Kunde die Angebote nicht 1:1 vergleichen kann, muß er sich mit den Unterscheidungsmerkmalen beschäftigen. Dann gehen Sie wieder auf die Wünsche Ihres Kunden ein und erfüllen ihm diese.

Wie können Sie aus Ihrer Persönlichkeit eine Marke machen?

Die Produzenten von Columbo haben es vorbildlich verstanden, aus dem Inspektor eine Marke mit hohem Wiedererkennungswert zu machen.

Machen auch Sie aus Ihrer Persönlichkeit eine Marke. So werden Sie unverwechselbar. Der Kunde denkt an Sie, wenn er an ein bestimmtes Produkt denkt. So wie viele Menschen an Columbo denken, wenn von einem Inspektor die Rede ist. Und Columbo ist, vielleicht gerade wegen seiner Schrulligkeit, der beliebteste Fernsehkommissar bei Männern und Frauen gleichermaßen. Müssen Sie jetzt alle aussehen wie Columbo? Nein, aber Sie können sich Anregungen holen, wie Sie für Ihre Kunden unverwechselbar werden.

Checkliste

Markenbildung einer Verkäuferpersönlichkeit

- Wie heben Sie sich hinsichtlich der Kleidung von Ihren Mitbewerbern ab?
- Welches kleine Extra erlauben Sie sich bei Ihrem Auftritt?
- Wie steht es mit Ihrer Pünktlichkeit? (Ich war bei meinen Außendienstterminen immer als der Verkäufer bekannt, der überpünktlich war. Scheinbar eine Seltenheit, die aber positiv beurteilt wurde.)
- Wie sprechen Sie den Kunden an? Was ist daran besonders?
- Wie interessieren Sie sich für das Umfeld des Kunden?
- Wie verabschieden Sie den Kunden? (Ein Verkäufer sagte bei seiner Verabschiedung: Immer wenn Sie an Papier denken, dann denken Sie an Jansen, Herrn Jansen, und rufen mich einfach an.)
- Welches Auto haben Sie sich ausgewählt?
- Wie sind Ihre Redegewohnheiten? Finden Sie Ihre persönlichen Merkmale.
- Welche Art von Handlungen oder Körpersprache kann Sie auszeichnen?
- Wie ist die Art Ihres Auftretens?
- Haben Sie kleine Give-aways, Bonbons oder Süßigkeiten dabei, die beliebt sind und für die Sie bekannt sind?
- Welche Geschichten oder Anekdoten haben Sie Ihren Kunden als Erlebnis mitgebracht?
- Welche geschäftlichen oder privaten Probleme können Sie für Ihren Kunden lösen?
- Wie überreichen Sie dem Kunden als kleines Extra Ihre Handynummer für Notfälle?

Welche Maßnahmen werden Sie ergreifen, um aus Ihrer Persönlichkeit eine Marke zu machen?

_____

_____

_____

_____

_____

_____

_____

_____

_____

_____

_____

3. Fragetechnik und Wissensmanagement

Die Meisterschaft in der Fragetechnik erlangen

Wie setzt Columbo seine Fragetechnik ein? Haben Sie einmal beobachtet, wie er seine Fragen stellt? Benutzt er am Anfang seines Gesprächs viele offene Fragen?

Ein kleines Beispiel:
Was macht Columbo, als er eine Zeugin zu einer Aussage bewegen will? Er sagt: »Wir werden ihn wegen Mordverdacht festnehmen. Und wenn Sie bei Ihrer Aussage bleiben, werden wir Sie wegen Beihilfe zum Mord festnehmen. Oder wollen Sie Ihre Aussage noch einmal bedenken?«

Ganz schön raffiniert, nicht? Haben auch Sie schon gute Erfahrungen mit der Fragetechnik gemacht? Verwenden Sie auch verschiedene Fragearten, um Ihr Verkaufsgespräch für Ihren Kunden interessanter zu machen? Welche Fragen verwenden Sie, um aus der Bedarfsanalyse eine Wunschermittlung zu machen?

Welche verschiedenen Möglichkeiten zu fragen gibt es?

Kennen Sie die geschlossenen Fragen? Hat der Kunde dabei nur die Gelegenheit mit Ja oder Nein zu antworten? Haben Sie bei dieser Frageart die Möglichkeit, viele Informationen über den Wunsch des Kunden herauszufinden? Kann es sein, daß die Kommunikation ziemlich einseitig wird? Was kann ein Verkäufer ändern, damit er nicht immer redet?

Welches ist die zweite und wichtigste Art des Fragenstellens? Wie beginnen Fragen, mit denen Sie sehr viel mehr Information vom Kunden bekommen? Sind Ihnen die wichtigsten Fragewörter, die mit »W« beginnen, bekannt? Welchen Vorteil haben Sie, wenn Sie diese Fragen verwenden? Kann es sein, daß Sie neben den wertvollen Informationen des Kunden auch noch Zeit bekommen, darüber nachzudenken, wie Sie im Gespräch weiter vorgehen wollen? Welche öffnenden Fragen benutzen Sie für die Wunschermittlung? Warum sollten Sie jetzt gleich einen Stift zu Hand nehmen und sich 20 Fragen aufschreiben?

Welche Arten der Fragestellung gibt es noch? Haben Sie schon einmal von den rhetorischen Fragen gehört? Ist Ihnen diese Möglichkeit, eine Frage zu stellen, schon seit Jahren bekannt? Habe ich gerade diese Antworten bei Ihnen vorausgesetzt?

Haben Sie sich schon 20 Fragen aufgeschrieben, oder werden Sie es gleich tun? Haben Sie diese Art von Alternativfragen schon eingesetzt, oder werden Sie diese in der Zukunft stärker einsetzen? Lassen Sie dem Kunden bei der Alternativfrage wirklich die Wahl, oder führen Sie ihn in eine bestimmte Richtung? Wollen Sie sich auch einige Alternativfragen für Ihre Praxis aufschreiben, oder wollen Sie diese Möglichkeit, den Wunsch des Kunden zu konkretisieren, nicht einsetzten?

Sie haben sich dieses Buch doch auch gekauft, um sich im Verkaufsgespräch zu verbessern? Sie meinen doch auch, durch Übung wird man besser? Das Beherrschen der Fragetechnik ist doch für Sie wichtig, oder? Wenn Sie wüßten, wo sich Produkte von alleine verkaufen lassen, wäre das für Sie interessant? Wenn Ihnen jemand sagt, wie sich ein Kunde sein Produkt selbst verkaufen kann, würden Sie es auch so machen? Lassen Sie sich von meinen Suggestivfragen manipulieren?

Warum machen Sie nicht einmal ein Spiel mit Ihren Freunden und Bekannten? Wer wird dieses Spiel gewinnen? Welchen Preis denken Sie sich dafür aus? Wer kann eine zweiminütige Rede nur mit Fragen gestalten?

Haben Sie jetzt einige neue Anregungen für die Gestaltung Ihres Verkaufsgesprächs bekommen? Wie werden Sie die Fragetechnik in Ihren Verkaufsgesprächen anwenden? Haben Sie schon die Erfahrung gemacht, daß, wer in einem Gespräch die Fragen stellt, das Gespräch führt?

Ist dann eine der Standardfragen von Verkäufern immer noch so glücklich gewählt: Kann ich Ihnen irgendwelche Fragen beantworten?

Checkliste

Fragetechnik gezielt einsetzen

- *Öffnende Fragen:* Welche Farbe soll Ihr Wunschauto haben?
- *Geschlossene Fragen:* Sie haben sich für Diamantschwarz entschieden?
- *Alternativfragen:* Bevorzugen Sie Racing-Green oder Metallic-Blau?
- *Rhetorische Fragen:* Wer wünscht sich nicht eine attraktive Autofarbe?
- *Suggestivfragen:* Wenn Sie im Straßenverkehr immer gesehen werden wollen, ist dann Signalrot für Sie interessant?

Mit Fragen ans Ziel gelangen

Das Ziel Ihrer Gesprächsführung sollte es sein, das Gespräch und den Kunden dorthin zu führen, wo Sie ihn haben wollen: Beim Abschluß. Die Technik der Gesprächsführung ist die Kunst, die richtigen Fragen zu stellen. Derjenige, der im Gespräch die Fragen stellt, der führt das Gespräch in die von ihm gewünschte Richtung. Ich lerne immer noch Verkäufer kennen, die sagen: Ich will ein gutes Beratungsgespräch führen. Dazu stehe ich dem Kunden Rede und Antwort. Sie merken leider nicht, wie der Kunde sie mit seinen Fragen an die Wand drückt und dann woanders hingeht, um günstiger zu kaufen. Diese Verkäufer haben ihre Chance vertan, dem Kunden weitere Nutzen zu verkaufen.

Denn: Ihre Kunden lieben es, gefragt zu werden. Machen Sie sich keine Gedanken darüber, ob eine Frage zu dumm sein kann. Vielleicht ist es ja auch nur in Ihren Augen eine dumme Frage und für den Kunden genau die Frage, auf die er gewartet hat.

Auch Columbo nervt manchmal mit zu vielen Fragen. Dadurch erhöht er aber auch seine Chance, die eine richtige Frage zu stellen.

Wissensmanagement – Informationsmanagement

Durch Fragen erhalten wir Informationen. Die Informationen, die wir von unserem Kunden bekommen, müssen wir verarbeiten, verwenden und dokumentieren. Sie können mit diesen vielen Informationen ein großes Wissen aufbauen, das nicht nur Ihnen, sondern auch anderen Kollegen und Abteilungen in Ihrer Firma nützlich sein kann. Gerade für die Kundenbindung und das Management unserer Beziehungen ist es wichtig, Informationen für eine längere Zeit zu speichern und abrufbar zu halten.

Doch wo verbergen sich in den Unternehmen die kundenbezogenen Daten und Informationen? Überall im Unternehmen verschwinden sie oft unkoordiniert und nicht ermittelbar. Briefe sind im PC des Sekretariats gespeichert, Angebote hat der Verkäufer auf seinem Laptop, Notizen verschwinden in Mappen und Mails sind auf den PC's aller Beteiligten zu finden. Wo finden Sie Prospekte des Kunden, Vertragsdaten und die bisherigen Umsätze und Lieferungen? Immer mehr Informationsinseln entstehen.

Und wenn tatsächlich im Unternehmen Kundendaten zentral geführt werden, wer ist dann für die Aktualisierung und Datenpflege verantwortlich?

Unzureichende Informationen können zu Fehleinschätzungen und versäumten Chancen führen. Unternehmen, die ein funktionierendes Wissensmanagement betreiben, können Kundenanfragen und Reklamationen korrekter, professioneller und schneller beantworten.

Bauen Sie ein Netzwerk des Wissensmanagements auf. Fragen Sie sich: Wer weiß was? Fangen Sie vagabundierendes Wissen ein. Wo gibt es in Ihrem Unternehmen informelles Wissen der Mitarbeiter, das nirgends öffentlich wird? Wie können Sie gesammeltes Wissen ordnen und archivieren? Wie können Sie dieses Wissen anderen zugänglich machen?

Wer Informationen und Wissen im Unternehmen sammelt und verknüpft, steigert damit auch den Unternehmenswert. Er bildet ein Kapital für die Zukunft und wird so zur Basis Ihres Kundenbeziehungsmanagements.

Es gibt immer noch Verkäufer, die sagen: »Was soll ich mir die ganzen Informationen aufschreiben? Ich kenne doch meine Kunden, das kann ich mir auch so merken.«

Sicherlich kann man sich vieles merken, aber so viele Kleinigkeiten gehen in unserem Gedächtnis über die Zeit verloren. Es könnte ja sein, daß sich der Kunde gerade darüber freut, daß man Kleinigkeiten nicht vergessen hat. Alles kann man sich nicht merken, aber man muß wissen, wo man es findet. Hinter dieser Aussage steckt manchmal auch die Angst des Verkäufers, zuviel Wissen preiszugeben und sich dadurch leichter ersetzbar zu machen.

Allerdings kann das Wissen über den Kunden nur ein Teil der Basis sein. Der weitaus wichtigere Teil für den Verkäufer ist seine menschliche Bindung zum Kunden. Das ist sein Umsatzgarant. Wie viele Kunden würden mit dem Verkäufer den Lieferanten wechseln? Das ist eine wichtige Frage für selbstbewußte Verkäufer.

4. Netzwerke und Kontakte schaffen

Der Begriff des Networkings oder des Netzwerkens ist heute zurecht in aller Munde. Haben Sie Columbo einmal beobachtet, welch großes Netzwerk an Helfern und Informanten er sich aufgebaut hat? Bei der Lösung seiner Fälle tauchen immer Personen aus alten Seilschaften auf. Über die Jahre hat er ein funktionierendes Netzwerk geschaffen, das auf Nehmen und Geben basiert. Für seine Arbeit ist dieses Netzwerk eine große Hilfe, denn er bekommt Hilfe von anderen.

Solche informellen Kontakte setzen ein Denken in Netzstrukturen voraus. Man sollte sich seine Netze auch aktiv schaffen können.

Selbst große Unternehmen wie General Electrics, Deutsche Bank und Bertelsmann schicken Ihre Manager inzwischen auf sogenannte Corporate Universities, wo sie in monatelangen Kursen das Netzwerken lernen sollen. Die Unternehmen haben erkannt, daß solche Netzwerke für die Firma sehr wertvoll sein können. Für Sie als Verkäufer sind Netzwerke unter Umständen die Basis Ihrer Existenz.

Kleine Unternehmer wie auch Verkäufer, die sich in einer deutschen Kleinstadt (und nicht nur da!) überlegen müssen, wie sie an Kunden kommen, haben viele Möglichkeiten: Potentielle Kunden finden Sie, wenn Sie montags in den Gesangsverein, dienstags zum Heimatverein, mittwochs zu einem Vortrag der IHK, donnerstags zum Elternabend des Kindergartens, freitags in den Golfclub, samstags mit der Jahreskarte auf die Tribüne des Fußballvereins und sonntags mit der ganzen Familie in die Kirche gehen.

Ist Ihnen das zuviel Aufwand? Durch diese Aktivitäten der einfachen Kundenakquise werden Sie aber garantiert Erfolg haben. Es ist ganz natürlich, daß Ihre vielen Vereinskameraden und Interessensteiler sich bemüßigt fühlen, sich von Ihnen beraten zu lassen oder bei Ihnen zu kaufen, weil man Sie ja kennt.

Suchen Sie gezielt Kontakte zu Führungskräften in Ihrem Unternehmen oder in den Konkurrenzunternehmen. Die wichtigsten Wettbewerber persönlich zu kennen kann nicht verkehrt sein, besonders wenn Sie die Karriereleiter noch etwas höher steigen wollen. Bauen Sie sich Ihr Netzwerk sowohl auf Anbieterseite wie auch auf Kundenseite auf. Verschaffen Sie sich einen Überblick über wichtige Entscheider in Ihrer Branche und besuchen Sie Veranstaltungen und Empfänge von nützlichen Berufsverbänden oder Wirtschaftsorganisationen. Erkundigen Sie sich, wo Empfänge und Stehparties veranstaltet werden und wie sie an eine Einladung kommen. Engagieren Sie sich ehrenamtlich in Verbänden.

Der Lohn wird nicht lange auf sich warten lassen. Je dichter Sie ihr Netzwerk knüpfen, um so effizienter ist es. Zusätzlich werden sich in den immer dichter werdenden Maschen Ihres Netzwerks immer mehr Kontakte verfangen.

Checkliste

Netzwerk aufbauen

Für die Auswahl Ihrer Netzwerkpartner können Sie sich folgende Fragen stellen:
• Wer kennt welche einflußreichen Personen?
• Wer hat welches besondere Wissen?
• Wer kann Ihnen welche Türen öffnen?
• Wer engagiert sich wo?
• Wer ist in welchem Club Mitglied?
• Wer sind die Meinungsmacher?
• Wer hat welche Position im Unternehmen?
• Wer kennt die Leute, die ich kennenlernen will?

Welche nächsten Schritte werden Sie zur Erweiterung Ihres Netzwerks tun?

_____

_____

_____

_____

_____

_____

_____

_____

_____

_____

Wie ein Verkäufer mit seinen Netzwerken Geschäfte macht

Beraten im Netzwerk: office & innovation
Ein ideenreicher Verkäufer hat ein Beratungsunternehmen gegründet, das Unternehmen mit seinem Know-how in allen Fragen rund um den Arbeitsplatz als neutraler Berater zur Verfügung steht. Das Leistungsspektrum umfaßt dabei alle Produkte und Leistungen, die zum gesamten Ablauf eines Bürobetriebs erforderlich sind. Angefangen bei der richtigen Immobilie über die passenden Einrichtungslösungen bis hin zur bedarfsgerechten Kaffeemaschine steht diese Firma ihren Kunden beratend zur Seite.

Wie kann sich ein Unternehmen die erforderlichen umfassenden Detailkenntnisse in allen Bereichen aneignen?

Gar nicht! Denn rund um den Arbeitsplatz gibt es eine unendliche Zahl an Vorschriften, Paragraphen, Produkten und Leistungen. Um alle Fragen wirklich kompetent beantworten zu können, bedarf es für jeden einzelnen Bereich eines Profis. Deshalb wurde ein Basisnetzwerk von kompetenten Partnern zusammengestellt. Die einzelnen Partner haben die Fachbereiche zu ihrer Kernkompetenz erklärt.

Innerhalb des verfügbaren Netzwerkes wird ein auf den individuellen Bedarf des Kunden abgestimmtes Team zusammengestellt, das für die beschriebenen Aufgaben die optimalen Lösungen erarbeitet und umsetzt. Dieses Netzwerk kann sich den ständig ändernden Bedingungen anpassen und je nach Lage ergänzt werden. Der Kunde erhält eine neutrale Beratung und *office & innovation* filtert die richtigen Kontakte aus dem Netzwerk heraus.

Alle Verträge mit den ausführenden Partnern werden direkt geschlossen, ohne die sonst üblichen aufgeschlagenen Provisionen. Der Kunde hat eine hohe Preistransparenz und kann den besten Preis für seine Bedürfnisse auswählen. Der Kunde hat für alle Fragen nur einen Ansprechpartner während des Projektes. Alle Leistungen werden innerhalb des Projektes koordiniert. Der Kunde muß keine Manpower für die Abwicklung freistellen und kann sich um sein eigenes Business kümmern.

Der jeweilige Kunde muß sich nicht das erforderliche Fachwissen aneignen, das er sowieso nur für eine kurze Zeit benötigt. Das umfassende Leistungsangebot von *office & innovation* ist nur mit der hohen Flexibilität eines Netzwerkes realisierbar.

Kontakte schaffen und halten

Haben Sie eigentlich immer Ihre Visitenkarte dabei? Häufig treffe ich Menschen auf Messen und Kongressen, die unter irgendwelchen diffusen Entschuldigungen ihre Visitenkarte nicht dabei haben oder vergessen oder gerade neu drucken lassen. Läßt eine solche Haltung auf ernstes Interesse schließen? Bekommen wir nicht eher die Botschaft: Ich bin zwar hier, aber Du bist mir nicht wichtig?

Für das Netzwerken und Kontakte schaffen sind die Amerikaner vorbildlich. Nicht umsonst werden dort so viele Empfänge, Stehparties und Business-Treffen veranstaltet. Wer ist an einem solchen Abend der Gewinner dieser Treffen? Derjenige, der bei diesem Termin die meisten Visitenkarten gesammelt hat.

Wie geben Sie Ihrem Gegenüber Ihre Visitenkarte? Es gibt ja heute immer noch Menschen, denen Ihre eigene Visitenkarte peinlich ist oder die das Ganze für etwas angeberisch halten.

Der andere (kleinere) Teil der Menschen präsentiert seine Karte seinem Gesprächspartner und interessiert sich im Gegenzug für die Karte des anderen und studiert sie genau. Auch hier kann die eigene Präsentation der Anfang einer langen Geschäftsbeziehung sein. Präsentieren Sie sich deshalb bei der Gelegenheit der Visitenkartenübergabe besonders gut. Großes Interesse an Ihrem Gesprächspartner zeigen Sie, wenn Sie sich dessen Visitenkarte gründlich ansehen. Vielleicht bekommen Sie auf der Karte Informationen, die für Sie wichtig sind oder Sie erhalten einen weiteren Anknüpfungspunkt für den Fortlauf des Gesprächs.

Wie kann ich einen Kontakt knüpfen?

Damit Sie sich nicht zu viele Chancen durch verpaßte Kontakte entgehen lassen, sollten Sie sich zuerst einmal fragen:

Wie kann ich das Interesse des Kunden innerhalb von zehn Sekunden wecken?

Schreiben Sie Ihre Antworten auf:

_____

_____

_____

_____

_____

_____

_____

_____

Damit haben Sie schon Ihren Gesprächseinstieg gefunden, wenn es sich um rein geschäftliche Kontakte, egal ob persönlich oder am Telefon, handelt.

Befinden Sie sich auf einer Präsentation, einem Stehempfang oder einer anderen Business-Veranstaltung, so sollten Sie die Regeln des Redens mit anderen Menschen beherrschen. Diese Art der ersten Unterhaltung nennt man bei gesellschaftlichen Anlässen auch Small Talk. Das gegenseitige Kennenlernen im Verkaufsgespräch ist ebenfalls eine Art Small Talk.

Die bekannte Kommunikationstrainerin Elisabeth Bonneau nennt diese unverfängliche Art der Unterhaltung Safer Talk. Ziel soll sein, mit dem Gegenüber eine positive Beziehung aufzubauen. Sie wollen Schranken abbauen und das Eis brechen. Deshalb ist es für Sie ratsam, die Regeln des Safer Talk anzuwenden, damit Sie sich auf dem glatten Parkett der Kommunikation sicher bewegen können und nicht schon durch die falsche Frage oder durch das falsche Thema die Beziehung zu Ihrem (potentiellen) Kunden schädigen.

Welche Themen können Sie ansprechen?
• Urlaub (nicht der eigene!)
• Hobby (das des anderen!)
• Wetter
• Theater
• Familie (nur wenn Sie wissen, daß es dort keine Schieflage gibt)
• Kinder

Das sollten Sie nicht ansprechen:
• Komplimente (nicht aufdrängen)
• Familienverhältnisse
• Politik
• Von sich reden

Die Methoden des Safer Talk:
• Andere integrieren
• Den Partner spiegeln
• Offene Fragen
• Über den anderen reden, Tips und Ratschläge einholen
• Um Hilfe bitten
• Themen aufgreifen
• Natürliche Distanz halten
• Auf Stehparties: Miteinander bekannt machen und andere integrieren

Das sollten Sie nicht tun:
• Aufdringlich oder verletzend werden
• Banalitäten von sich geben
• Kalauer oder Witze über Minderheiten
• Allgemeinplätze
• Dem anderen ins Wort fallen
• Geschlossene Fragen stellen
• Belehrend sein
• Monologe halten

Boxenstop – Just one more thing:
Ein Telefonakquisiteur kam zu mir und sagte: »Ich habe so eine Knochenarbeit. Ständig bemühe ich mich um potentielle Kunden und bekomme so viele Absagen. Das ist manchmal richtig frustrierend!« Ich fragte ihn, wie hoch denn seine Abschlußquote sei. Er konnte bei zehn Anrufen einen Termin vereinbaren. Wenn er selbst oder ein Verkäufer dort war, schlossen sechs von zehn Kunden einen Vertrag ab. Diese Erfolgsquote kann sich durchaus sehen lassen. Ich riet dem Verkäufer, doch einmal nur für sich eine kleine Statistik zu führen. Bei 50 Anrufen kann er fünf Termine vereinbaren. Also soll er bei den nächsten 50 Anrufen eine Strichliste machen und für jeden Erfolg und für jede Absage einen Strich ma-

chen. So kann er seine Absagen einfach abhaken und mit neuer
Motivation den nächsten Anruf tätigen. Durch diese neue Sichtweise hat der Verkäufer nicht nur neuen Spaß an seiner Tätigkeit
bekommen, sondern auch seine Erfolgsquote etwas gesteigert.

5. Teamwork

Die erfolgreiche Arbeit von Columbo wäre nicht möglich ohne sein
Team. Immer wieder wird deutlich, wie er Kollegen in Entscheidungen und Beratungen einbindet. Sie arbeiten einander zu und unterstützen sich. Schließlich betrachten unterschiedliche Menschen das gleiche Problem aus anderen Blickwinkeln und können so zur Lösung
beitragen.

In Deutschland wird Teamarbeit stark gefördert. Manchmal finden
wir noch Menschen, die sagen: »Team, das heißt doch: Toll, ein anderer macht's.«

Das Verlassen auf andere kann ein positiver Nebeneffekt sein. Kräf-
tig mitarbeiten muß man trotzdem. Nur dann kann das Ergebnis des
Teams um ein Mehrfaches besser sein als das Ergebnis der Einzelper-
sonen.

Für Team können wir in Zukunft besser sagen:
T E A M² = Toll, ein anderer macht mit!

Teamarbeit im Unternehmen heißt, untereinander Dienstleistungen zu
erbringen. Das ist genauso ein Verkaufsprozeß wie dem Kunden gegenüber.

Überlegen Sie einmal: Wem gegenüber verkaufe ich mich im Unternehmen? Wem erbringe ich eine Dienstleistung? Wo bin ich Kunde? Wer bietet mir seine Dienstleistung in meiner Firma? Welche
Abteilungen bieten Dienstleistungen? Welche Abteilungen nehmen
Dienstleistungen in Anspruch?

Diese Sichtweise kann Ihre Arbeit innerhalb des Unternehmens leichter und effektiver machen. Wenn sich die Mitarbeiter eines Unternehmens auch untereinander als Dienstleister sehen, werden auch Konflikte und Reibungsverluste vermieden. Solch eine Firmenkultur hat auch ihre Auswirkungen nach außen zum Kunden. Die Kunden merken und spüren eine solche Firmenkultur und werden sich bei Ihnen wohlfühlen.

In vielen guten Hotels beispielsweise ist die Getränkeausgabe so organisiert, daß der Kellner oder die Bedienung an eine Bar hinter den Kulissen kommt und dort die Bestellung aufgibt. Das Personal wird hier wie ein Gast behandelt. In Häusern mit einer guten Firmenkultur können Sie den Servicegedanken und die Freundlichkeit der Dienstleister im Haus untereinander wahrnehmen.

Machen Sie Ihren Kunden zum Teammitglied

Im Mittelpunkt Ihres Beziehungsmanagements mit dem Kunden sollte immer wieder die folgende Frage stehen: Wie kann ich meinen Kunden näher an mein Unternehmen binden und mich so davor schützen, daß er in der Zukunft an andere Firmen seine Aufträge vergibt? Binden Sie den Kunden deshalb in Ihre Arbeit ein. Das soll nicht heißen, daß der Kunde mitarbeiten soll. Machen Sie den Kunden zum Berater bei Produktentscheidungen, Produktentwicklungen und Marktforschung. Kunden, die sich in die Entscheidungen eingebunden fühlen, werden sich stärker an Sie und Ihr Unternehmen gebunden fühlen.

Zur Teambildung gehört auch, daß Sie den Kundenkontakt regelmäßig aufrechterhalten. Und wenn der Kunde zum Team gehören soll, dann behandeln Sie ihn auch so. Könnten Sie sich sogar vorstellen, Ihren Kunden wie Ihren besten Freund zu behandeln? Reden Sie mit dem Kunden, als wäre er der wichtigste Mensch auf der Welt. Machen Sie Ihren Kunden zu Ihrem Partner, Berater und Teammitglied und er wird es Ihnen danken: Mit seinen Aufträgen.

6. Man muß Menschen mögen

Welche Einstellung haben Sie Ihren Kunden gegenüber? Gibt es da nicht auch welche, die Ihnen nicht so sympathisch sind? Gibt es Kunden, wo Ihnen regelmäßig der Hals schwillt? Wie gehen Sie im allgemeinen mit Menschen um? Wie ist das Menschenbild, das ein Verkäufer haben muß? Ein Verkäufer hat grundsätzlich alle Menschen zu mögen.

Auch Kellner sind Verkäufer
Servicepersonal in Gaststätten und Restaurants hat sehr viele Möglichkeiten, seinen eigenen Umsatz zu erhöhen. Nur werden diese Chancen von den wenigsten genutzt.

Ist das Menschenbild, das dem Servicepersonal oft zu eigen ist, beispielhaft für Deutschland?

In einem Restaurant hatte eine Frau mit ihrer Freundin ein schönes Abendessen bestellt und gerade den Wein serviert bekommen. Als sie den Kellner ruft und bemängelt, daß der Wein korke, nimmt der Kellner die Flasche mit, verschwindet hinter der Schwingtür. Nach fünf Sekunden kommt er wieder und wischt sich gerade noch den Mund mit dem Ärmel seines Jacketts trocken. »Der Wein korkt nicht!« Mit dieser Bemerkung stellt er die gleiche Flasche wieder auf den Tisch der Damen. Ich glaube, weiter brauche ich diese Szene nicht beschreiben.

Der Schweizer Kabarettist Christian Überschall hat einmal gesagt: »In München gilt ein Kellner schon als höflich, wenn er seinen Gast nicht gleich tätlich angreift.« Leider hat er mit dieser Bemerkung allzu oft recht.

Columbo geht mit den Menschen, die er trifft, äußerst respektvoll um. Er zeigt Interesse für die Hobbys und den Beruf des anderen. Er zeigt seine Anerkennung und ist gerne bereit zu loben.

Behandeln Sie Ihre Kunden, so wie Sie selbst gerne als Kunde behandelt werden möchten. Zeigen Sie Empathie: Eignen Sie sich die

Fähigkeit an, sich auf den Platz des Kunden zu setzen. Versuchen Sie aus der Sicht des Kunden zu denken und danach zu handeln.

• Fühlen Sie aus Kundensicht!
• Wählen Sie aus Kundensicht!
• Sprechen Sie aus Kundensicht!
• Sehen Sie aus Kundensicht!
• Erleben Sie aus Kundensicht!
• Handeln Sie aus Kundensicht!
• Argumentieren Sie aus Kundensicht!
• Präsentieren Sie aus Kundensicht!
• Werben Sie aus Kundensicht!

Auch Ihre Kleidung kann Respekt gegenüber dem Kunden ausdrükken. Haben Sie sich schon einmal Gedanken über eine Farb- und Stilberatung gemacht? Gerade Ihr optischer Eindruck ist Ihre erste Visitenkarte. Tragen Sie die richtigen Farben, können Sie die Ausstrahlung Ihrer Persönlichkeit wesentlich steigern.

Übrigens: Wer bedankt sich noch für einen Auftrag? Das ist besonders im B2B-Geschäft eher selten.

Respekt zollen können Sie dem Kunden auch, indem Sie ehrlich sind.

Beispiel:
Eine Fotografin, besonders wenn sie selbständig ist, muß sich perfekt verkaufen können. Wie aber soll sie sich verhalten, wenn ihre Kunden unmöglich gekleidet zum Fototermin kommen? Als ein Manager zu ihr für einen Portraittermin kam, ist sie ehrlich gewesen und hat sich geweigert, diesen Kunden, so wie er gestylt war, zu fotografieren. Der Anzug war fünf Jahre zu alt, die Krawatte noch aus dem letzten Jahrzehnt und die Brille war das Tüpfelchen auf dem i.
     Was hat sie aber noch getan? Sie hat ihren Kunden gefragt: Was können wir tun, damit Sie ein besseres Auftreten haben? Wollen wir gemeinsam neue Kleidung einkaufen gehen? Der Mann stimmte zu und bekam einen neuen Anzug, das passende Hemd mit Krawatte,

und sogar für eine neue Brille war er zu überzeugen. Schließlich wurde noch ein Frisör konsultiert und fertig war ein neues und seriöses Outfit. Der Mann sah fast zehn Jahre jünger aus. Jetzt konnte es zum Fototermin gehen. So weit die wahre Geschichte. Aber was passierte noch? Nach einigen Tagen rief die Frau dieses Managers an und berichtete, daß sie sich wieder neu in ihren Mann verliebt hatte.

Der Umgang mit schwierigen Kunden

Nun haben wir als Verkäufer auch Kunden, mit denen wir uns nicht so gut verstehen. Das kann schon mit der kritischen Frage beginnen: »Sie wollen mir wohl etwas verkaufen!« Antwort: »Ja gerne, wenn Sie danach auch lange Freude damit haben!«

Wie gehe ich mit Kunden um, die ich überhaupt nicht mag?
Für Ihr eigenes Selbstbewußtsein sollten Sie sich erst einmal fragen: Habe ich das richtige Angebot für diesen Kunden? Wenn ja, dann gehen Sie in diesem Bewußtsein in das Verkaufsgespräch. Ihre emotionale Ablehnung dem Kunden gegenüber können Sie diesem Bewußtsein hinten an stellen.

Kunden, die zuviel reden:
Wenn Kunden sich besonders »beliebt« machen wollen, dann lassen sie den Verkäufer nicht zu Wort kommen, unterbrechen ihn, wiederholen sich und wechseln das eigentliche Thema. Wie sollen wir als Verkäufer damit umgehen? Einen Machtkampf um Redeanteile anzufangen hat keinen Sinn, denn der Verlierer steht schon vorher fest. Gutes Zuhören und gezielte Nachfragen können diese Aufgabe nicht zufriedenstellend lösen.

Verfolgen Sie auf jeden Fall Ihre Linie und verlieren Sie nicht Ihr Ziel aus den Augen. Fassen Sie die wichtigsten Punkte des Kunden zusammen, und verstärken Sie seine Argumente. Seien Sie geduldig mit dem Vielredner und behalten Sie die Übersicht im Gespräch.

Manchmal gibt es auch Menschen, die ihren Verkäufer nach dem Gespräch sozusagen bezahlen – mit dem Auftrag. Ihnen hört sonst vielleicht keiner zu. Warum sind so viele Psychologen ausgebucht und die Arztpraxen überfüllt? Weil die Menschen einsam sind und sie keine Gesprächspartner haben.

Kunden, die aggressiv werden:
Den ständig aggressiven Kunden gibt es nicht. Für einen aggressiv auftretenden Kunden gibt es immer einen Anlaß. Der muß nicht bei Ihnen zu finden sein. Natürlich sind solche Situationen, wo Kunden unsachlich werden, emotional und zynisch handeln, sicher nicht die Lieblingsbeschäftigung eines Verkäufers. Bleiben Sie deshalb souverän und versuchen Sie die Situation im Griff zu behalten.

Trainieren Sie es, in extremen Situationen ruhig und sachlich zu bleiben. Hören Sie dem Kunden gut zu, welche Botschaften er zwischen den Zeilen hören läßt. Fragen Sie nach dem Anlaß, warum der Kunde so verärgert ist.

Nun kann es sein, daß der Kunde zu Recht verärgert ist. Dann lassen Sie dem Kunden genügend Gelegenheit, seinen Dampf abzulassen. Zeigen Sie Verständnis und sagen dem Kunden, daß Ihnen das leid tut.

Fragen Sie den Kunden, wie diese Situation bereinigt werden kann. Lassen Sie den Kunden ruhig einen Vorschlag machen, wie er es sich vorstellen kann, den Grund des Ärgernisses zu beseitigen. Die meisten Verkäufer wagen es nicht, diese Frage zu stellen. Der Kunde könnte ja unverschämte Forderungen stellen.

Die Erfahrung zeigt, daß diese Frage in den seltensten Fällen vom Kunden ausgenutzt wird. Es ist eher so, daß der Kunde seine Forderungen nach unten schrauben wird. Stellt er trotzdem unberechtigte Forderungen, können Sie mit dem Kunden über den Wert Ihrer Leistung reden.

Wird der Kunde unsachlich und greift Sie in Ihrer Person an, lassen Sie den Kunden wissen, daß Sie an einer sachlichen Klärung des Problems interessiert sind und sich nicht auf eine persönliche Ebene einlassen. Fragen Sie den Kunden, wie sie wieder auf eine sachliche Ebene zurückkommen können.

In den seltensten Fällen ist das aggressive Verhalten des Kunden auf Ihr Verhalten zurückzuführen. Nehmen Sie deshalb solche Angriffe auf keinen Fall persönlich. Sie sind eben der erste, der dem Kunden begegnet. Und bei Ihnen läßt er erst einmal Dampf ab.

Schlagen Sie deshalb nicht unkontrolliert zurück, sondern geben Sie dem Kunden die Gelegenheit, sich wieder zu beruhigen. Vielleicht wird ja doch ein Auftrag aus diesem unangenehmen Gespräch, weil Sie es als einziger verstanden haben, mit diesem Kunden richtig umzugehen?

Die letzte Chance … :
Es gibt Situationen, in denen wir spüren, daß die Katastrophe unausweichlich ist. Der Kunde ist verärgert, schreit oder wird aggressiv. Einen letzten Rettungsanker können Sie noch werfen: »Lieber Kunde, ich möchte gerne mit Ihnen eine Einigung herbeiführen: Welche faire Chance geben Sie mir, daß wir die Sache klären können?« Oder: »Sehr geehrter Kunde, welchen Vorschlag haben Sie für mich, wie wir diesen Sachverhalt lösen können?«

7. Wie kann ich dem Kunden helfen?

Der erfolgreichste Weg zur positiven Entscheidung des Kunden ist, dem Kunden zu zeigen, wie Sie mit Ihrem Produkt oder Ihrer Dienstleistung dem Kunden helfen können, sich seine Wünsche zu erfüllen. Durch die richtige Fragetechnik haben Sie – ähnlich wie Columbo – herausgefunden, was Ihren Kunden bewegt.

Ihre Aufgabe kann es nun sein, neue Wege der Wunscherfüllung für den Kunden zu gehen. Welche Möglichkeiten der Wunscherfüllung haben Sie, die andere nicht haben? Welche neuen Wege sind Sie überhaupt zu gehen bereit?

Versuchen Sie dem Kunden das kleine Extra zu geben, das er woanders nicht bekommt. Versuchen Sie auch, in der Entscheidungsphase den Kunden durch gute Fragen zu beraten. Ihr Ziel soll es sein, dem Kunden dadurch die Augen zu öffnen, damit er erkennt, wie Ihr Produkt am besten seine Wünsche befriedigen kann. Will sich Ihr Kunde beispielsweise einen großen Drucker für sein Unternehmen kaufen, können Sie seine Entscheidungsfindung durch diese Fragen unterstützen:

• Was würde passieren, wenn Sie diesen Drucker jetzt nicht kaufen?
• Was würde das für Ihre Firma und Ihre Mitarbeiter bedeuten?
• Wieviel könnten Sie durch diese neue Investition einsparen?
• Was würde es denn in einem Monat kosten, wenn Sie meinen Drucker nicht kaufen?

Versuchen Sie, sich selbst und dem Kunden andere Sichtweisen zu vermitteln. Machen Sie aus Ihren (vergleichbaren) Produkten solche, die durch eine neue Sichtweise nicht mehr vergleichbar sind. Vermitteln Sie dem Kunden etwas, was er nicht erwartet.

Die Studie »Automobilverkauf 2003« hat untersucht, was Kunden in einem Autohaus erwarten. So sind Eigenschaften von Verkäufern wie Ehrlichkeit, Fairneß, Zuverlässigkeit, Geduld, Beratung, herzliche Aufmerksamkeit, seriöses Auftreten, tadelloses Benehmen, gepflegtes Aussehen und gutes Zuhören von den Kunden als Selbstverständlichkeit erwartet worden.

Andere Verhaltensweisen oder Servicepunkte wie Erfrischungen, Überraschung bei Produktübergabe, Erlebniskauf, Erinnerung an Termine, persönliche Ansprache nach dem Kauf oder Fachwissen über Konkurrenzprodukte werden von dem Kunden als nicht selbstverständlich angesehen und sind deshalb das kleine Extra.

Maßgeschneiderte Lösungen als Problemlöser

Im industriellen Zeitalter wurde durch die Fließbandproduktion eine Massenproduktion möglich. Diese erforderte wieder ein Massenmarketing. Doch durch das neue Informationszeitalter werden Lösungen und Angebote immer individueller. Es gibt eine neue Art des Marketing: Das 1:1-Marketing.

Nach diesem Ansatz werden Marketing und Produktion nicht auf anonyme Zielgruppen hin entwickelt, sondern nach den individuellen Wünschen des Kunden. Sie können sich im Internet eine auf Sie individuell zugeschnittene Zeitung bestellen. Mode von der Stange muß heute auch nicht mehr sein. Die Fließbandproduktion wird auf die Individualisierung umgestellt: Sie können einen Maßanzug vom Fließband bestellen. Der 3er BMW hat mit allen zur Verfügung stehenden Kombinationen über eine Million Möglichkeiten, variiert zu werden. Das Individualauto ist möglich geworden.

Wettbewerbsentscheidend wird in vielen Branchen ihre Fähigkeit, auf die unterschiedlichsten Kundenwünsche flexibel und schnell zu reagieren. Es reicht in Zukunft nicht mehr, nur neue Produkte zu erfinden und diese zu verkaufen. Die neue Maxime heißt: Finden Sie die individuellen Wünsche Ihrer Kunden und erfüllen Sie diese. Machen Sie Ihre Kunden glücklich!

Noch ein Tip zum Schluß, wenn Sie Ihre Produkte für so überhaupt nicht unterscheidbar halten:

Haben Sie sich schon einmal die Frage gestellt, wie Sie Ihrem Kunden helfen können, in seinem eigenen Unternehmen weiter zu kommen? Haben Sie jetzt eine Idee bekommen, wie Sie individueller werden können?

8. Offenheit und Neugierde

Was unterscheidet einen Adler von einem Maulwurf?

Nun, da gibt es sicher viele Unterschiede. Die einen sagen, der Maulwurf könne nicht fliegen, oder der Adler hat kein Fell. Aber was hat dieser Vergleich mit unserer Columbo-Strategie® gemeinsam? Der

Maulwurf kümmert sich – im wahrsten Sinne des Wortes – nur um seinen eigenen Dreck. Er arbeitet detailversessen und gräbt sich unbeirrt durch. Der Adler dagegen hat im Flug die gesamte Landschaft im Überblick. Sein Blick für das Detail ist nicht so ausgeprägt, dafür hat er die gesamte Situation im Überblick.

So arbeitet auch Columbo. Er hat zwar den Blick für das Detail, läßt sich in schwierigen Situationen dennoch nicht vom Detail ablenken. Dann wechselt er in die Situation des Beobachters und versucht, den Überblick zu bekommen. Eine Situation aus der Position des Beobachters heraus zu sehen kann bedeuten, neue Fakten zu sehen. Deswegen kann es wichtig sein, sich mit neuen Erkenntnissen zu beschäftigen und sich der neuen Situation anzupassen. Wer immer nur detailverliebt arbeitet, kann sich diese Offenheit für neue Situationen nicht aneignen. Wenn sich der Verlauf Ihres Verkaufsgespräches überraschend ändert, nehmen Sie diese Herausforderung dankbar an, wechseln in die Situation des Beobachters und agieren flexibel.

Frau Prof. Dr. Gertrud Höhler gibt uns einen schönen Vergleich für unsere eigene Beobachtungsweise. Sie spricht vom Tunnelblick des Mannes und dem Panoramablick der Frau. Beim Tunnelblick gilt es zu fokussieren und zu konzentrieren. Nur das Ziel allein entscheidet. Durchkommen ist die Aufgabe. Der Panoramablick der Frauen hingegen beobachtet auch die Ränder und das ganze Bild. Es wird versucht, Störstellen auszuschalten. Denn die Gefahr kommt selten aus der Mitte. Auch in der Hirnforschung ist dieses Detail untersucht worden: Männer und Frauen kamen beide am Ziel an. Und sie kamen gleichzeitig an. Allerdings hatten die Frauen auf Ihrem Weg mehr Details gesehen und hatten sich aufmerksamer das Gesamtbild eingeprägt.

Wenn wir wieder zu unserem Bild mit dem Adler zurückkommen, so lernen wir daraus, daß wir auch aus der Position des Beobachters heraus nicht den Blick für die Details verlieren müssen. Nur haben wir in einem schwierigen Verkaufsgespräch die Chance, andere, neue Lösungsmöglichkeiten zu sehen und uns so auf neue Situationen besser einstellen zu können.

Der erste sein in seinem Markt

Versuchen Sie, mit dem Angebot Ihres Unternehmens der erste in Ihrem Markt zu sein. Lob, Anerkennung und das große Geld gehören immer dem ersten, nicht den anderen. Oder wissen Sie noch, wer als zweiter den Atlantik im Flugzeug überquerte?
Auch für Ihre Angebote gilt diese Erfolgsregel. Nur das erste oder das Besondere wird vom Kunden wahrgenommen. Durch die Einzigartigkeit erhalten Sie einen Wettbewerbsvorsprung, der Ihre Geschäfte in die Zukunft hinein sichern wird. Sehr oft haben die Firmen die Marktführerschaft, die die Pionierarbeit für ein neues Produkt geleistet haben. In solchen Bereichen kann das Verkaufen durchaus etwas schwieriger sein als bei eingeführten Produkten. Jeder Verkäufer, der bei der Einführung von neuen und innovativen Produkten erfolgreich ist, sichert damit seinen eigenen Arbeitsplatz. Er schafft die Grundlage, dafür daß sein Unternehmen auch in der Zukunft die Nase vorne haben wird.
Nehmen Sie deshalb neue Entwicklungen wahr. Was passiert gesellschaftlich, technisch, beim Kunden oder beim wichtigsten Wettbewerber? Zeigen sich neue Angebotsmöglichkeiten, die vor einiger Zeit noch undenkbar gewesen sind?

Warum lohnt es sich, der erste in seinem Gebiet zu sein?
Als Erstanbieter können Sie die Kriterien festlegen, nach denen das Produkt getestet und dem Kunden schmackhaft gemacht wird. Alle Nachfolger haben nicht nur Ihren Zeitvorsprung aufzuholen, sondern müssen sich auch an den Maßstäben des Spitzenreiters messen lassen.

Spitzenreiterunternehmen haben fünf Vorteile:
1. Sie bestimmen das Tempo und setzen die Standards.
2. Sie sind in der Regel Marktführer.
3. Sie haben die wichtigsten Referenzkunden.
4. Sie bekommen die anfangs hohen Gewinne.
5. Durch ihren Erfahrungsvorsprung beherrschen sie den Markt.

Wie schaffen Sie sich einen Wettbewerbsvorsprung? In welchem Bereich sind Sie als Verkäufer erster?

_____

_____

_____

_____

_____

_____

_____

_____

_____

_____

_____

_____

_____

9. Der Verkäufer als Schauspieler? – Stimme, Rhetorik, Körpersprache

Wenn Columbo auf verschiedene Menschen trifft, stellt er sich auf diese Menschen ein. Nicht nur in seinem Denken. Allerdings wird er dabei von vielen unterschätzt. Der Vorteil liegt letztendlich doch bei ihm.

Columbo ändert seine Fragetechnik, seine Art zu reden. Er kann seine Stimme ändern, hoch und tief sprechen und auch mal laut werden. Mit seiner Stimme ändert er auch seine Körpersprache und manchmal sogar sein Auftreten durch seine Kleidung. Columbo achtet auf die Körpersprache seines Gegenübers und stellt sich darauf ein. Er zeichnet sich durch eine sehr prägnante Körpersprache aus. Diese ist vielleicht nicht immer nach Lehrbuch, aber auch damit baut er ein Unterscheidungsmerkmal auf.

So wie Peter Falk in die Rolle des wandlungsfähigen Columbo schlüpft, müssen auch Sie als Verkäufer in verschiedenen Rollen glänzen können. Es heißt aber nicht, daß Sie sich verstellen sollen. Kleine Fehler und Eigenheiten machen Sie dabei menschlich und lassen Sie authentisch wirken. Es gibt manche Verkäuferschulen, aus denen die Menschen nach ihrer Ausbildung als glattgelutschte Verkäufer ohne Profil herauskommen. Wollen Sie das? Ich glaube nicht. Bleiben Sie eine Persönlichkeit. Nutzen Sie aber das Wissen um die Möglichkeiten Ihrer Stimme und Ihrer Körpersprache.

Warum ist Kommunikation auf verschiedenen Ebenen so wichtig?

Sie haben schon kennengelernt, daß die meisten Kaufentscheidungen aus dem Bauch des Kunden heraus gefällt werden. Und wie kommen Sie am besten in den Bauch des Kunden? – Durch ganzheitliche Kommunikation!

Gefühle und Meinungen können auf drei Wegen kommuniziert werden:
• durch Worte,
• durch unsere Stimme,
• durch unsere Körpersprache (Mimik und Gestik).

In der sogenannten Gorden-Studie ist durch empirische Untersuchungen nachgewiesen worden, welchen Stellenwert die drei Möglichkeiten der Kommunikation haben. Durch Worte werden nur 7 Prozent an Gefühlen und Einstellungen übertragen. Durch Ihre Stimme können Sie 38 Prozent steuern. Den Löwenanteil der Wichtigkeit in der Kommunikation mit 55 Prozent aber hat die Körpersprache.

Was haben Sie unternommen, um Ihre Körpersprache zu verbessern? Wie achten Sie auf die Körpersprache Ihrer Kunden?

Tips und Tricks erfolgreicher Körpersprache

Um die Körpersprache Ihres Kunden als Hilfsmittel für Ihr Verkaufsgespräch nutzen zu können, müssen Sie Ihre Wahrnehmung schulen.
Die Sprache des Körpers, der Stimme, der Augen und der Mimik muß
sehr genau beobachtet werden. Nur dann können Sie auch verwertba-
re Interpretationen aus den Signalen des Kunden gewinnen.

Durch unbewußte äußerliche Verhaltensweisen spiegelt der Kunde
seinen inneren Zustand wieder. Beachten Sie bitte, daß jeder Kunde
seine eigene besondere Art hat, seine inneren Gefühle und Zustände
auszudrücken. Bestimmte Bewegungen und Reaktionen können bei
jedem Menschen etwas anderes bedeuten.

Ihre Aufgabe kann es also zunächst sein, verschiedene Muster des
Verhaltens des Kunden kennenzulernen, indem Sie ihn in diesen
Situationen beobachten. Um Referenzverhalten einzuleiten, muß der
Kunde von Ihnen vorher in eine vergleichbare Situation gebracht wer-
den.

Als Beispiel möchte ich Ihnen zwei Grundaussagen von Menschen
vorstellen:
• Das Ja-Verhalten
• Das Nein-Verhalten

Um ein Ja des Kunden im Verkaufsgespräch zu erkennen, sollten Sie
den Kunden vorher in eine Ja-Situation bringen. Führen Sie ihn mittels eines Beispiels oder einer persönlichen Frage in diese Situation.
Anhand der Erinnerung an diese Entscheidung oder dieses Ereignis,
das er jetzt wieder empfindet, wird sich der Kunde in seine ihm eigene
Position des Ja begeben und seine unbewußte Körpersprache wird
ihm folgen. Fragen Sie nach einer Situation oder einer Entscheidung,
die er nicht bereut hat.

Achten Sie dabei auf:
• Wie verändert sich sein Atem? (Brust- oder Bauchatmung?)

- Wohin blicken seine Augen, Wie verändern sich seine Pupillen?
- Welche neue Haltung nimmt der Oberkörper ein?
- Nach welcher Seite sind Kopf und Körper geneigt?
- Wie ist die Muskelanspannung in den Händen und im Nacken?
- Wie verändert sich seine Mimik? Achten Sie auf das Muskelspiel um Augen und Kiefer.
- Welche rhythmische Bewegungen macht er?
- Wie ändert sich die Hautfarbe?
- Wie ändert sich die Muskelanspannung der Lippen?
- Wie ist die Frequenz des Lidschlags?
- Wie verändern sich Tonhöhe und Tempo der Stimme?
- Welche anderen kleinen Körperbewegungen nehmen Sie wahr?

Nun können Sie den Kunden in eine Nein-Situation bringen, etwas, was er nie machen würde oder prinzipiell ablehnt. (Um bei dieser Situation keinen Graben zwischen Ihnen und dem Kunden entstehen zu lassen, sollten Sie natürlich ein Beispiel wählen, wo Sie dem Kunden voll zustimmen können.)

Vergleichen Sie bei Ihrem Kunden immer wieder das intensive Ja-Erlebnis mit dem Nein-Erlebnis. Ihnen werden schnell Unterschiede auffallen. Verwenden Sie wieder die eben beschriebene Checkliste.

Die Nein-Situation beginnt meist beim Atem. Es passiert, daß dem Kunden unbewußt der Atem stockt und der flachere Atem nur in den Brustraum fließt. Dadurch entsteht eine Sauerstoffverknappung die folgende Auswirkungen hat:

Die Muskeln um die Augen machen sie enger, die Lippen werden schmaler, die Muskeln um den Kiefer spannen sich, die Haut wird weißer und der Nacken wird angespannt.

Aber beobachten Sie die Veränderungen Ihres Kunden genau. Standardrezepte gibt es hier nur wenige. Jeder Mensch ist individuell. Körpersignale können bei jedem Kunden anders sein und etwas anderes bedeuten. Die berühmten verschlossenen Arme eines Kunden müssen nicht unbedingt Abweisung oder Verschlossenheit ausdrükken. Es kann sein, daß er einfach Rückenschmerzen hat und zur Zeit nur so bequem sitzen kann. Wenn Sie sich nicht sicher sind, überprüfen Sie Ihre gewonnenen Erkenntnisse lieber noch einmal.

Welche Informationen können Sie während des Verkaufsgesprächs erkennen?

Körpersprachliche Informationen können Aufschlüsse geben und Aufgaben erfüllen:
- Sie können das Verstehen untermauern oder unausgesprochene Worte ergänzen.
- Der Kunden teilt unbewußt Einstellungen, Gefühle und Empfindungen mit.
- Wenn der Kunde sich noch unklar ist und sich noch nicht entschieden hat, sagt Ihnen das die Körpersprache schon vorher.
- Sie drücken Ihre eigene Zuverlässigkeit und Vertrauenswürdigkeit aus.
- Der Kunde drückt aus, wie verläßlich und glaubwürdig er ist.
- Der Kunde zeigt, wie entschlossen er hinter seiner Entscheidung steht.

Beobachten Sie Ihren Kunden während des Verkaufsgesprächs. In allen Stufen des Gesprächs kann er Ihnen Informationen geben, die Ihnen helfen, dem Kunden bei seiner Entscheidung zu helfen.

Wie verhält sich der Kunde, wenn
- Sie ihn nach seinen Wünschen fragen? Was ist für ihn wichtig?
- Sie seine Nutzen präsentieren? Welche gefallen ihm, welche nicht?
- er von Ihrem Angebot überzeugt ist?
- ihm gerade ein Einwand eingefallen ist?
- er noch unentschlossen ist?
- er mit Ihnen übereinstimmt?
- in ihm sich ein leichter Widerstand regt?

Jeder ihrer Kunden gibt Ihnen diese Informationen. Beim einen Kunden sagt man, er spricht Bände, wenn man ihm ins Gesicht sieht. Bei einer anderen Kundengruppe ist der Vergleich mit dem Indianer angebracht, der keine Wimper verzieht. Aber die Körpersprache dieser zweiten Kundengruppe ist einfach nur auf wesentlich kleinere Bewegungen reduziert und auf den ersten Blick nicht erkennbar. So kann eine leichte Anspannung der Haut oder eine leichte Veränderung der Hautfarbe schon einen Stimmungswechsel andeuten. Diese Kunden werden für Sie zu einer Herausforderung, die Sie mit einiger Übung lösen können.

Üben Sie, die Einzelbotschaften Ihres Kunden zu sehen und miteinander zu kombinieren. Dann werden Sie auch verschiedene Interpretationen ausmachen können.

Noch eine körpersprachliche Situation ist für Sie wichtig zu kennen: der innere Dialog.

In dieser Phase denkt der Kunde nach, ob Ihr Angebot für Ihn das richtige ist. Waren Sie vorher gut, dann lassen Sie ihm die Zeit zum Nachdenken. Oder müssen Sie noch ein Nutzenargument nachlegen oder verstärken?

Den inneren Dialog erkennen Sie meistens an dem Wippen der Füße oder am Herumspielen mit einem Stift. Auch wenn der Kunde seinen Kopf auf Hand oder Faust stützt und dabei so aussieht, als ob er telefoniert, kann das ein Anzeichen für innere Gedankenspiele und Überlegungen sein.

10. Dem Kunden ein Erlebnis schaffen

Columbo ist und bleibt ein Meister des Erlebnisverkaufens. Wenn auch seine eigentümlichen Auftritte nicht immer das Wohlwollen seines Gegenübers vergrößern, so sind sie doch einzigartig.

Wie können Sie Erlebnisse für Ihre Kunden schaffen? Natürlich sollen Sie sich nicht genauso wie Columbo verhalten. Aber Sie könnten sich schon ab und zu die Frage stellen, wie Columbo es denn machen würde. Verkaufen heißt nicht nur, eine perfekte Gesprächsführung zu beherrschen, sondern auch durch Erlebnisse den Kunden zu verblüffen.

Das Schaffen von Erlebnissen muß von Ihnen als Verkäufer auch unter Marketinggesichtspunkten betrachtet werden. Besonders wenn Sie mit austauschbaren Produkten handeln, müssen Sie durch das Marketing Leistungsmerkmale schaffen, um sich von anderen abzuheben.

Wie Erlebniseinkauf im Supermarkt möglich ist

Dieses Beispiel hat eigentlich nichts mit Verkaufen an sich zu tun. Vielleicht bekommen Sie doch eine Anregung, die für Ihr Angebot nützlich sein kann.

Waren allein anzubieten, reicht heute nicht mehr aus. Der Central Market in Austin/Texas hat 17 Sorten Äpfel, 30 verschiedene handgemachte Wurstsorten, 18 verschiedene Citrussäfte, über 200 Sorten Oliven und sage und schreibe 500 Käsesorten. Aber diese reiche Auswahl ist nicht das Besondere an diesem amerikanischen Supermarkt. Nach dem Einkauf sind die Kunden einige Dollar los geworden, aber auch um einige Erfahrungen reicher.

In das Verkaufskonzept wurde neben der gigantischen Auswahl die Möglichkeit eingearbeitet, den herkömmlichen Einkauf völlig neu zu erfahren. Nach Meinung des Managements soll sich der Einkauf zum Abenteuer oder zu einer außergewöhnlichen Erfahrung entwickeln. Man könnte es fast rechtfertigen, für dieses Erlebnis Eintritt zu verlangen.

Bei Central Market zeigt sich der Erlebniseinkauf in fünf Erfahrungsebenen, die der Kunde durchlaufen kann:

1. Die Familien-Erfahrung:
Kinder und Einkaufen können sich manchmal gar nicht harmonisch ergänzen. Diese ungünstige Kombination kann verbessert werden, indem den Kindern das Einkaufen als positives Erlebnis vermittelt wird. Jedes Kind bekommt einen Heliumballon und kann sich an einer Fruchtbar bedienen. Bei den vom Supermarkt ausgerichteten Geburtstagsparties können die Kinder sogar ihre eigenen Pizzas backen.

2. Die Ausbildungs-Erfahrung:
Das riesengroße Angebot an Waren kann den Käufer auch schon mal verunsichern. Deswegen werden Kochkurse veranstaltet. Die Kunden können sich für 35 Dollar nicht nur die Zutaten aussuchen, sondern auch im speziell dafür eingerichteten Kochstudio unter der fachkundigen Anleitung von erfahrenen Köchen lernen, wie ein mehrgängiges Menü für 20 Personen zubereitet werden kann. Für den Kunden ist diese Aktion unterhaltsam, und er lernt auch noch etwas dazu.

3. Die Produktberater-Erfahrung:
Die Verkäufer helfen den Kunden bei der Auswahl der Produkte. Sie geben Tips für die Zusammenstellung von Menüs. Damit der Kunde auch die Waren prüfen und probieren kann, ist das Personal außerdem berechtigt, die Verpackungen zu öffnen.

4. Die Orientierungs-Erfahrung:
Gutes Design und Raumaufteilung sollten über Jahre hinweg dem Kunden helfen, sich zu orientieren. Vom Hauptgang abzweigende lange Seitengänge sollten dem Kunden die Orientierung erleichtern und einen schnellen Weg zur Kasse ermöglichen. Bei Central Market gibt es, wie wir es von IKEA kennen, einen Gang, der sich durch das ganze Gebäude windet. Bis auf die obligatorischen Fluchtmöglichkeiten muß der Einkäufer jede Abteilung des Ladens durchlaufen. So hat er einen Blick auf das gesamte Angebot, und dem Supermarkt stehen durch diese Bauweise 20 Prozent mehr Regalfläche zur Verfügung.

5. Die Labor-Erfahrung:
Viele Kunden erleben sich selbst als Teil eines Laborexperiments, und es macht ihnen Spaß. Der Supermarkt ist zu einem Podium geworden, wo neue Nahrungsmittelkonzepte getestet werden können. So wurden beispielsweise neue Gemüsekombinationen wie Broccolini, eine Mischung aus Broccoli und Grünkohl, mit Erfolg getestet und für gut befunden. Inzwischen bieten auch andere Supermärkte dieses neue Gemüse an. Der Kunde hat zudem das Gefühl, in die Entscheidungen des Marktes einbezogen zu werden und so das Unternehmen beraten zu können.

Das Experiment mit Central Market kam nach zwei Jahren in die Gewinnzone. Durch die ordentlichen Gewinne konnte eine weitere Filiale eröffnet werden.

Ein weiteres Beispiel – diesmal aber aus dem Verkauf gefällig? Bitte sehr:
Erlebnisverkauf kann auch bedeuten, dem Kunden eine besonders gute Marketing- oder betriebswirtschaftliche Beratung zukommen zu lassen. Getreu dem Motto: »Wie helfe ich meinem Kunden, erfolgreicher zu werden, und zwar auch mit meinem Angebot?«, bereitet sich ein Vertriebsleiter eines Verlages auf die Jahresgespräche mit seinen Top 30-Kunden so gut vor, daß er in den meisten Fällen über Warenfluß, Drehgeschwindigkeit, Abverkaufsverlauf in den einzelnen Filialen und Bestellperioden besser informiert ist als der Kunde selbst.

So kann er dem Einkäufer eine betriebswirtschaftliche Beratung anbieten zu Warenfluß, Bestellperioden und Optimierung von Logistik. Der Kunde hat durch dieses Gespräch einen zusätzlichen Nutzen, den er vorher nicht erwartet hat. Und nebenbei erfährt der Kunde natürlich auch, wie er mit dem Angebot dieses Verlages noch mehr Umsatz machen kann. Der Vorteil liegt für beide klar auf der Hand. Kein Wunder, daß dieser Verlag mit diesem Beziehungsmanagement hohe zweistellige Umsatzzuwächse hat und Marktführer in seinem Segment ist.

Wie können Sie mit Ihrem Angebot bei Kunden Aha-Erlebnisse schaffen?

_____

_____

_____

_____

_____

_____

_____

_____

_____

_____

11. Die innere Einstellung

Kennen Sie auch diese Verkäufer, die mit nassen Händen zum Kunden gehen und vielleicht mit gebeugter Haltung vom Kunden zurückkommen?

Die haben angeblich die falschen Produkte, oder der Kunde war nicht gut gelaunt. Sie haben ja schon vorher gewußt, daß es heute nichts wird. Den Spruch kennen wir alle: »Das habe ich so kommen sehen!« Solche Verkäufer beweisen sich immer wieder, wie erfolglos sie sind.

Wenn wir uns Columbo dagegen ansehen, so arbeitet er absolut zielorientiert und motiviert an seinen Fällen. Er arbeitet unermüdlich, bis der Fall gelöst ist. Wie kann er diese Leistungen erbringen? Ganz einfach: Seine innere Einstellung gibt ihm diese Möglichkeiten und die Energie. Positives Denken allein reicht nicht aus. Ihre Überzeugung muß von innen kommen. Wenn Sie vorher schon wissen, daß das nächste Gespräch ein Mißerfolg werden wird, dann werden Sie sich genau das auch beweisen.

Situationen, die man sich vorgestellt hat und auf die die innere Einstellung fixiert war, haben die Eigenschaft, sich zu verwirklichen. Das ist in Studien von einem Psychologen namens Rosenthal belegt worden.

Rosenthal hat in seinen Studien mit Lehrern und ihren Schülern gearbeitet. Den Klassenlehrern wurde im Experiment mitgeteilt, daß einzelne Schüler besonders begabt seien. Der Fokus der Lehrer lag natürlich auf diesen Schülern, die besonders gefördert, aber auch gefordert wurden. Was die Lehrer nicht wußten: Die Schüler waren gar nicht überdurchschnittlich begabt. Was passierte aber durch die außergewöhnliche Behandlung der Schüler? Sie wurden tatsächlich in ihren Leistungen besser. Die Einstellung der Lehrer wurde bewiesen.

Ein Beispiel aus der Arbeitswelt soll das verdeutlichen:

• *Phase 1: Die Einstellung*
Ein Mitarbeiter einer Firma ist der Meinung, daß alle Kollegen an seinem Arbeitsplatz hinter seinem Rücken tuscheln und über ihn reden. Nehmen wir einmal an, diese Einstellung ist völlig aus der Luft gegriffen und niemand seiner Kollegen hegt auch nur solche Gedanken. Trotzdem ist dieser Mitarbeiter dieser Meinung.

• *Phase 2: Die Verhaltensänderung*
Geprägt von dieser Einstellung wird sich nach und nach das Verhalten dieses Mitarbeiters ändern. Er wird immer mißtrauischer durch die Räume schleichen. Er wird seine Kollegen belauschen, um eventuellen Klatsch mitzubekommen. Unter Umständen wird er auch mißmutig und demotiviert aussehen. Irgendwann bekommen seine Kollegen die Verhaltensänderung auch mit. Es folgt:

• *Phase 3: Das Ergebnis*
Weil sich der Kollege so seltsam benimmt, werden die Kollegen irgendwann tatsächlich über ihn reden, aus welchen Gründen er sein Verhalten so verändert haben könnte. Und zufällig kommt besagter Mitarbeiter an einem Zimmer vorbei, in dem sich seine lieben Kollegen jetzt wirklich über sein auffälliges Verhalten unterhalten. Was ist

passiert? Er hat es doch schon immer gewußt. Jetzt hat er sie erwischt, wie sie hinter seinem Rücken über ihn herfallen. Seine Einstellung hat sich bewahrheitet.

Dieser Effekt hat auch einen anderen Namen bekommen:
Die selbsterfüllende Prophezeiung

Negativbeispiele hierfür kennen Sie bestimmt zur Genüge. Aber Sie können sich diesen Effekt auch zunutze machen. Sie selbst können Ihre innere Einstellung so programmieren, daß die positiven Dinge geschehen, die Sie sich vorstellen. Verkäufer, die von ihrem Angebot überzeugt sind und mit positiven Gedanken in ein Verkaufsgespräch gehen, werden mit der höheren Wahrscheinlichkeit auch den Auftrag machen.

Was alles nicht geht, das wissen viele Verkäufer oft schon vorher, ohne es jemals versucht zu haben. Leider sind viele unmögliche Dinge nur in unseren Köpfen unmöglich. Wir setzen uns die Grenzen selbst. Die Schranken sind nur in unseren Köpfen vorhanden, nicht real. Versuchen Sie Ihre Einstellung zu unmöglichen Dingen zu ändern.

Boxenstop – Just one more thing:
Denken Sie doch einmal an die Hummel:
Die Hummel hat 0,7 cm² Flügelfläche und wiegt dabei 1,2 Gramm. Nach allen Erkenntnissen der Aerodynamik ist es bei einem solchen Verhältnis von Flügelfläche zu Körpergewicht völlig unmöglich zu fliegen. Die Hummel weiß das aber nicht – und fliegt!

Schaffen Sie es, sich in schwierigen Situationen, wieder aufzubauen und zum Durchhalten zu bewegen? Denken Sie in solchen Situationen auch einmal an Columbo und überlegen Sie sich: Wie würde Columbo jetzt handeln?

Columbo gibt nicht auf. Wie viele Male haben Sie den Kunden kontaktiert? Seit welcher Zeit sind Sie dran am Kunden? Manche Abschlüsse bekommt man erst nach sieben Kontakten! Halten Sie Ihre Beziehungen zu Kunden über einen langen Zeitraum aufrecht? Vertrauen Sie darauf: Irgendwann wird es sich auszahlen. Wahrscheinlich dann, wenn Sie gerade nicht damit rechnen.

Verkaufen mit Begeisterung

Die größte Überzeugungskraft im Verkauf erreichen Sie mit Ihrer Begeisterung. Begeisterung ist eine Kraft, die fast alles möglich machen kann. Sie können täglich Ihre eigene Begeisterung üben und verbessern. Glauben Sie an Ihre eigenen Fähigkeiten und Ihre Produkte und Dienstleistungen ohne Vorbehalte.

Durch Ihre eigene Begeisterung im Verkauf können Sie andere Menschen anstecken. Sie sprechen die Gefühle der anderen an und nicht den Verstand. Durch Ihre Ansteckungskraft ist die Begeisterung auch der Schlüssel, der Ihnen viele Türen öffnen wird. Sie können andere Menschen mitreißen und gewinnen eine natürliche Autorität.

Und wenn Sie von einer Sache begeistert sind, bekommen sie einen unermüdlichen Antriebsmotor, der Ihnen hilft, länger durchzuhalten als andere. Durch diese überdurchschnittliche Energie heben Sie sich von der Masse der Menschen ab und werden überdurchschnittlich erfolgreich. Ein weiterer Effekt tritt dann ein: Erfolgsgewohnte Menschen ziehen weiteren Erfolg geradezu an. Das ist eine Lebensweisheit, die man zulassen und erfahren muß. Lassen Sie sich vom Leben überraschen und beschenken!

Leider gibt es noch viel zu wenige Verkäufer, die innerlich richtig brennen, die heiß sind darauf zu verkaufen. Es fehlt oft an der nötigen Begeisterung.

Wie können Sie Begeisterung in sich wecken?

Manchmal müssen Sie schon etwas durch die rosarote Brille sehen, aber es wirkt:

- Sehen Sie die Welt positiv.
- Lassen Sie auch die positiven Meldungen an sich heran.
- Seien Sie liebenswürdig zu Ihrer Umwelt.
- Streiten Sie nicht mit anderen.
- Zeigen Sie Verständnis und Toleranz.
- Behalten Sie sich Ihren Humor.
- Wenn Sie einmal hinfallen und mit einem Lächeln wieder aufstehen, sind Sie stärker als vorher.
- Überbringen Sie anderen keine negativen Botschaften.
- Hören Sie aktiv, interessiert und mit Begeisterung zu.
- Zeigen Sie Ihre Begeisterung, wenn Sie von sich und Ihren Ideen erzählen.

Ihre Augen bekommen einen Glanz, der ansteckend wirkt.

Und wenn ich meine Produkte nicht mag?

Wenn Sie sich überhaupt nicht mit Ihren Produkten identifizieren können, haben Sie zwei Möglichkeiten: entweder die Firma zu wechseln oder sich zu überlegen: Wo sind die Kunden, die mein Produkt brauchen können. Es bringt einen Wechsel Ihrer inneren Einstellung mit sich, wenn Sie es schaffen, wenigstens die Gewißheit zu haben, daß Ihre Produkte von anderen Menschen gebraucht und gemocht werden. Können Sie etwas Begeisterung dafür entwickeln, daß sich andere Menschen über Ihr Angebot freuen könnten?

Ich selbst bin über zwei Jahre in meinem Außendienstgebiet mit Produkten gereist, die vielleicht 70jährigen älteren Damen ein begeistertes Lachen hervorrufen konnten – mir leider nicht immer. Dennoch habe ich mein Reisegebiet zwei Jahre hintereinander um hohe zweistellige Prozentzahlen steigern können, weil ich wußte, daß die von mir betreuten Händler genau ihre Kunden kannten und wußten, wer sich über diese Produkte freuen wird. Und diese Gewißheit konnte ich auch in mir tragen und die von mir angebotenen Produkte mit Überzeugung verkaufen und sogar Begeisterung ausstrahlen.

Tips und Tricks, wenn's mit der inneren Einstellung mal nicht so klappt

In der täglichen Verkaufsarbeit passieren so viele Kleinigkeiten, die uns immer wieder unsere Motivation nehmen können. Und ich glaube, kein Mensch schafft es, immer gut drauf zu sein. Nur dürfen wir es unseren Kunden nicht merken lassen, wenn wir selbst einen Motivationseinbruch haben.

Deshalb ist es für Ihr eigenes Energiemanagement wichtig, kleine Hilfen für Notfälle parat zu haben, damit Sie schnell wieder in eine gute Stimmungslage kommen.

Hier eine kleine Strategie, um sich schnell mit guten Gedanken zu umgeben:

Überlegen Sie sich vier Antworten auf die Frage:
Was freut mich jetzt?

Malen Sie sich diese Gedanken aus! Bald werden Sie merken: Ihre Sicht der Dinge wird besser, so manches Ärgerliche ist dann nicht mehr so wichtig.

Was freut Sie jetzt?

1. _____

   _____

   _____

2. _____

   _____

   _____

3. _____

   _____

   _____

4. _____

   _____

   _____

Wenn es mal brennt, hilft auch der Lächeltrick:
Gehen Sie an einen Ort, an dem Sie keiner beobachten kann, und lächeln Sie. Am besten in einen Spiegel. Auch wenn Ihnen gerade nicht zum Lachen ist, senden Ihre Muskeln um den Mund herum Signale an Ihr Gehirn: Mensch freut sich!
Auf diesen Reiz hin schüttet Ihr Gehirn sogenannte Glückshormone aus, die wiederum auf Ihren Körper wirken. Negative Energien und Gedanken werden reduziert. Möglicherweise erscheint Ihnen diese ganze Situation so lächerlich, daß Sie jetzt darüber lachen müssen. Versuchen Sie es! Haben Sie den Mut, ungewöhnliche Wege zu gehen. Es kann Ihnen nur helfen.

Wenn Sie gerne sprichwörtlich in die Luft gehen oder schnell einen dicken Hals bekommen, kann Ihnen folgende Übung aus dem Hata Yoga helfen.

Die drei Stufen der Atmung:
1. Langsam in den Bauch einatmen und dabei bis drei zählen,
2. langsam ausatmen und dabei bis drei zählen,
3. genießen Sie eine Pause und zählen dabei bis drei.

Wiederholen Sie diese Übung, bis Sie sich wieder wohler fühlen und sich beruhigt haben. Die Anwendung dieser Übung ist ebenfalls ausgezeichnet vor einem Verkaufsgespräch geeignet, um unnötige Spannungen abzubauen.

12. Präsentation, Inszenierung und Vision

Beispielhaft versteht es Columbo, mit Bildern zu arbeiten. Zum Ende hin inszeniert er in jeder Folge regelrecht eine Show. Die Lösung seines Falles setzt er wie einen guten Film oder ein Theaterstück in Szene, bei dem der Zuseher ständig von neuem verblüfft wird.
Bei der Lösungspräsentation eines Verkäufers können die Elemente

der Inszenierung genauso gut angewendet werden. Inszenieren Sie Ihre Präsentationen und Events. Überraschen Sie Ihre Kunden so, daß sie begeistert sind. Wagen Sie es, andere Wege zu gehen.

Haben Sie Ihren Termin beim Kunden erfolgreich beendet, wird in vielen Fällen von Ihnen oder dem Team des Innendienstes ein schriftliches Angebot formuliert. Solche Angebote enthalten im schlimmsten Fall eine seitenlange Aufstellung von technischen Details innerhalb eines Text- und Zahlenfriedhofs. Irgendwann ist auch der Preis zu sehen – doppelt unterstrichen.

Wie viele solcher Angebote werden verschickt? Da hat sich jemand stundenlang die Mühe gemacht, alle Details und Informationen zu sammeln und zusammenzustellen. Der Kunde überfliegt dieses Angebot in wenigen Minuten und schielt mit einem Auge immer auf den Preis, auf den er den Verkäufer in der nächsten Verhandlungsrunde festnageln wird.

Lohnt sich solche Mühe für ein Angebot überhaupt? Wie heben Sie sich vom Wettbewerb ab? Wenn Sie beim aktuellen Verhandlungsstand eine realistische Chance haben, den Auftrag zu bekommen, sollten Sie sich überlegen, ob sich der Aufwand rechtfertigt, eine Präsentation vorzubereiten, die sich vom Wettbewerb abhebt.

Wie können Sie vorgehen?

Wenn das Gespräch mit dem Kunden einen guten Verlauf hatte und Sie dabei festgestellt haben, daß er an Ihrem Produkt interessiert ist, dann sollten Sie als guter Verkäufer bereits einen Termin für Ihre Angebotspräsentation vereinbart haben. Wissen Sie auch, wer in diesem Unternehmen für eine solche Entscheidung zuständig ist oder auch befragt werden muß? Haben Sie dafür gesorgt, daß alle relevanten Personen für diesen Termin eingeladen worden sind? Je mehr Entscheider bei Ihrer Präsentation anwesend sind, um so mehr Einfluß können Sie ausüben. Schließlich sind Sie es, der die Informationen gibt. Alle erhalten die gleichen Informationen ohne einen oder mehrere zwischengeschaltete Filter. Ihr Angebot können Sie mit Flipchart,

Folien oder Laptop mit Beamer unterstützen. Achten Sie jedoch darauf, daß während der Präsentation keine Pannen geschehen können und Sie die Technik auch sicher beherrschen. Nur so haben Sie die Grundlagen für eine souveräne und selbstbewußte Präsentation geschaffen.

In dem vorausgegangenen Kundengespräch haben Sie durch eine gute Fragetechnik den Bedarf ermittelt und noch wichtiger die Wünsche des Kunden kennengelernt. Jetzt haben Sie die Chance dem Kunden die Lösung für seine Wünsche vorzustellen. Fassen Sie die Punkte des Anforderungsprofils nochmals zusammen und holen sich das Feedback des Kunden, ob es so geblieben ist oder ob sich Punkte geändert haben.

Stellen Sie jetzt die Lösung vor. Unterstützen Sie Ihre Argumentation mit einer grafischen Aufbereitung. Bilder und Grafiken prägen sich dem Kunden um ein Vielfaches besser ein als trockene Worte. Finden Sie auch in Ihrer Sprache bildreiche Worte und Vergleiche. Führen Sie die Teilnehmer auf eine Gedankenreise. Machen Sie keine weitschweifenden technischen Erklärungen, sondern arbeiten Sie aus den Merkmalen Ihres Produkts die jeweiligen Nutzen für den Kunden heraus. Sie haben den Eisberg kennengelernt: Merkmale und Bedarf sind für den Kopf, Nutzen und Wunscherfüllung für den Bauch. Und wo Menschen ihre Entscheidungen treffen, wissen wir. Also helfen Sie ihnen dabei!

Stellen Sie ab und zu Fragen an Ihre Zuhörer. Stellen Sie sicher, daß alle Nutzen verstanden wurden.

Zum Ende Ihrer Inszenierung fassen Sie die wichtigsten Nutzen für den Kunden nochmals kurz und bildhaft zusammen. Sollte der eine oder andere Teilnehmer zwischenzeitlich unkonzentriert gewesen sein, so hat er hier nochmals die Chance, die Wiederholung zu genießen. Für alle anderen prägen sich die wesentlichen Nutzen zu Ihrem Vorteil besser ein.

Nachdem Sie nun durch Ihre Nutzenpräsentation den Wert Ihres Produktes gesteigert haben, machen Sie dem Kunden das Preisangebot:

»Das alles bekommen Sie für eine Investition von … . Darin ist alles enthalten, was wir besprochen haben, wie ….«. Nebenkosten sollten Sie in einem Betrag nennen, natürlich wieder verbunden mit dem wichtigsten Nutzen oder der rationalen Bestärkung, daß die Entscheidung für Ihr Angebot die richtige ist. Wenn Sie das alles gemeistert haben, dann haben Sie in über 90 Prozent aller Fälle besser als Ihr Wettbewerb präsentiert und die Chancen für den Auftrag verbessert.

Die vier Stufen der Kundenbindung

Diese sich ändernde Art der Nutzenpräsentation zeigt, daß der Umgang mit dem Kunden eine neue Qualität erreicht hat. Damit Sie Ihre Kunden langfristig an sich binden können, muß die Qualität Ihres Beziehungsmanagements steigen. Dazu gibt es die verschiedenen Stufen der Kundenbindung.

Die vier Stufen der Kundenbindung:

• *Kundenfreundlichkeit*
Freundlichkeit ist für den Verkauf eine Selbstverständlichkeit. Altbekannt und bewährt, aber nichts Neues.

• *Kundenzufriedenheit*
Nur bei einem zufriedenen Kunden besteht die Chance, daß er wiederkommt. Zufriedenheit allein reicht heutzutage nicht mehr aus, um den Kunden an sich zu binden.

• *Kundenorientierung*
Handeln Sie aus der Sicht des Kunden. Wenn der Kunde merkt, seine Probleme werden zu den Problemen des Verkäufers, der diese dann auch noch lösen kann, dann haben wir es schon fast geschafft.

• *Kundenbegeisterung*
Nur begeisterte Kunden werden in der Zukunft das Kapital eines erfolgreichen Verkäufers sein. Die Erwartungen der Kunden werden immer höher. Die Frage nach Aha-Erlebnissen steigt. Durch professionelle Nutzenpräsentationen und Erlebniseinkauf schaffen Sie die Basis für eine zukunftsorientierte Kundenbindung.

Wie ein deutsches Unternehmen seine Kunden begeistert hat

Verkaufen steht im direkten Zusammenhang mit dem Marketingkonzept des Unternehmens. Eine der Marketingstrategien, die auch im Verkauf wirksam sein kann, ist die künstliche Verknappung von Produkten. Menschen wollen meist das, was sie gerade nicht bekommen können. Begrenzte Stückzahlen, limitierte Auflagen, Sonderausgaben und vorübergehend ausverkaufte Produkte, das sind Formulierungen, die Neugierde und Wünsche wecken.

Seit einigen Jahren gibt es den Unterwäschehersteller Bruno Banani. Diese Firma bietet Designerwäsche an. Der Name für diesen Hersteller ist – nach Urteil von Marketingexperten und Werbeagenturen – völlig unmöglich.

Aber das Unternehmen hatte einen Plan: Nachdem man die 40 bis 50 besten Lagen in Deutschland geknackt hatte – gut gestaltete und qualitativ hochwertige Wäsche verkauft sich in diesen Lagen sehr gut – wurde beschlossen, die Ware wegen der großen Nachfrage auch an andere Händler abzugeben. Aber die weitsichtigen Firmenbosse gingen nicht in der altbewährten Manier vor: Umsatzwachstum um jeden Preis. Sie machten ihre Produkte für andere Händler erst einmal knapp: Neukunden wurden gerne aufgenommen, bekamen aber eine Liefersperre zwischen sechs und zwölf Monaten.

Die Händler standen Schlange, um beliefert zu werden. Knappe Produkte verkaufen sich eben besser. Ein weiterer Vorteil: Hartnäckige Preisgespräche sind die große Ausnahme.

Nachdem Bruno Banani nun in fast allen Vertriebswegen vertreten ist, hat man angefangen, eine Positionierung bei den Endverbrauchern anzustreben. Was kann bei einer Unterwäsche besonders oder anders sein? Nicht viel! Was haben die »Verkäufer« von Bruno Banani gemacht? Bei einer der letzten amerikanischen Raummissionen wurde die Unterwäsche mit ins All genommen und dort von den Astronauten getragen. Seitdem wirbt die Firma mit dem Qualitätssiegel »Space proofed«.

Das ist hier auf Erden ein unbedingt notwendiges Qualitätsmerkmal. Finden Sie nicht auch? Die Zielgruppe findet's klasse und belohnt die Firma mit einer hohen Kundenbindung.

Lernen von den Spitzensportlern

Für gute Inszenierungen und Präsentationen ist eine gute visuelle Gabe wichtig. Im Sport ist neben der physischen Fitneß und Stärke die mentale Stärke genauso wichtig. Genau wie ihren Körper und ihre Technik trainieren Spitzensportler ihre mentalen Eigenschaften.

Konzentration, Zielstrebigkeit, innere Einstellung, Motivation und Visualisierungskraft sind einige Stichworte, die mentale Stärke ausmachen. Haben Sie die legendären Tennisspiele von Boris Becker noch vor Augen? Es hat sich immer wieder in einem Spiel in Situationen gebracht, wo das Spiel schon verloren schien. Aber seine berühmte Becker-Faust und die damit verbundenen mentalen Programme haben aus ihm wieder den Sieger gemacht, und er konnte das Spiel umdrehen.

Der Amerikaner James E. Loehr hat jahrelang Sportler interviewt. Diese schätzen den Anteil von mentalen oder psychologischen Faktoren an einer guten Performance auf über 50 Prozent. Manche meinten sogar, dieser Anteil liege zwischen 70 und 90 Prozent. Was aber interessant war: An zeitlichem Aufwand investierten diese Sportler nur 5 bis 10 Prozent ihrer Trainingszeit in ihre mentale Ausbildung. Warum? Weil sie nicht wußten, wie sie dieses Thema angehen sollten. Sie wußten einfach nicht was sie trainieren sollten. Es gab zu wenig Möglichkeiten. Heute hat sich die Sportpsychologie einiges einfallen lassen, wie Leistungssportlern geholfen werden kann.

Im Berufsleben und im Verkauf hat der Anteil der mentalen Stärke genau die gleichen Auswirkungen auf unseren Erfolg wie im Sport. Und wie trainieren wir fürs Berufsleben?

Genau diese Fähigkeiten wie die Visualisierungskraft im Entspannungszustand brauchen wir in unserem Berufsleben genauso dringend. Sie können im Verkauf ihren Erfolg deutlich steigern. Aber seien Sie einmal ehrlich: Wieviel Zeit investieren Sie, um diese Eigenschaften zu trainieren?

Entspannungsübung:

Für den Einstieg in die Welt der mentalen Techniken möchte ich Ihnen gerne eine kleine Entspannungsübung vorstellen, mit der Sie Ihre visuellen Fähigkeiten trainieren können.

Legen Sie sich eine CD oder Kassette mit Entspannungsmusik auf. Setzen Sie sich bequem auf einen Stuhl und bleiben Sie aufrecht sitzen. Bitte entspannen Sie sich. Achten Sie darauf, wie Sie sitzen und ob Sie gut und bequem sitzen. Beginnen Sie ruhig und tief in den Bauch zu atmen.

Spüren Sie, wie sich Ihre Muskeln entspannen. Wo sind Sie noch verspannt? Lockern Sie Ihre Verspannungen. Vergessen Sie nicht, tief ein- und auszuatmen. Wo fühlen Sie sich gut und wo nicht? Kann vielleicht der Teil, an dem Sie sich gut fühlen, einige positive Gefühle an einen Teil abgeben, wo Sie sich nicht so gut fühlen? Spazieren Sie in Gedanken ein wenig durch Ihren Körper. Wo sind Sie noch verspannt? Wie können Sie diesen Teil lockern? Und vergessen Sie nicht ruhig in den Bauch zu atmen.

Wenn Sie auf der Reise durch Ihren Körper sind, wenden Sie sich nun langsam Ihrem Kopf zu. Gehen Sie in Gedanken in Ihren Kopf hinein. Lassen Sie sich die für Sie notwendige Zeit dabei, finden Sie ihren eigenen Rhythmus. Wenn Sie am obersten Punkt Ihres Schädels angekommen sind, merken Sie, wie genau an dieser Stelle eine Öffnung aufgeht. Sie haben jetzt die Möglichkeit, aus dieser Öffnung herauszuschauen. Tun Sie es doch einmal, wie mit einer winzig kleinen Kamera! Stellen Sie sich vor, Sie haben so etwas wie ein bewegliches Auge oder eine kleine Kamera. Jetzt gehen Sie ganz langsam aus der Öffnung in Ihrem Kopf heraus. Schauen Sie sich einmal um.

Was sehen Sie? Drehen Sie sich. Sehen Sie auch einmal nach hinten. Wenn Sie nun ein paar Zentimeter über sich schweben, versuchen Sie doch einmal, weiter aus sich herauszugehen. Erst einmal zehn Zentimeter, dann 20 Zentimeter, einen halben Meter, bis Sie schließlich einen Meter erreicht haben. Schaffen Sie es sogar zwei Meter? Beobachten Sie nun, was Sie sehen. Drehen Sie sich nach allen Seiten. Was sehen Sie? Was spüren Sie? Welche Gefühle haben Sie dabei? Welche Gedanken kommen Ihnen in den Kopf? Denken Sie nun an Ihren Schreibtisch (wenn Sie möchten auch an ein Verkaufsgespräch). Sie können sich selbst von oben herab beobachten.

Nun können Sie sich einige Fragen stellen:
Was tue ich gerade? Was ist wirklich wichtig? Was kann ich weglassen? Was kann ich delegieren? Wo kann ich Zeit sparen? Was bringt mich weiter? Was bringt meinen Kunden weiter? Wie kann meine besondere Lösung aussehen?

Lassen Sie Ihren Gedanken und Bildern ausreichend Zeit.

Kommen Sie langsam wieder zurück, die Kamera senkt sich wieder, kommt wieder zurück in Ihren Kopf. Sie sind wieder in sich und bei sich. Ihre Wahrnehmung kommt wieder zurück ins Hier und Jetzt. Spannen Sie Ihre Muskeln etwas an, räkeln Sie sich, wenn Sie möchten, und öffnen dann wieder die Augen.

Sagen Sie sich: Ich bin total entspannt. Ich bin hellwach. Ich bin gesund und mir geht es besser als vorher.

Und, hat diese Übung gutgetan? Diese Entspannung können Sie variieren und nach Ihrer eigenen Dramaturgie ändern. Vielleicht gelingt Ihnen mit einiger Übung die Ausarbeitung einer fesselnden Präsentation für Ihren Kunden.

13. Den richtigen Riecher haben

Als Verkäufer können wir ein gigantisches Fachwissen haben und alle Verkaufstechniken perfekt beherrschen. Aber unser Kunde ist ein Mensch wie wir selbst.

Columbo weiß dies auch und läßt sich immer wieder von seinem Gefühl leiten, obwohl er manchmal selbst gar nicht weiß, warum.

Gerade in der menschlichen Kommunikation kommt es nicht nur auf technische Dinge an, sondern auf zwischenmenschliche Faktoren wie Energien und Gefühle. Wenn zwei Menschen miteinander im Verkaufsgespräch kommunizieren, werden zwischen diesen Menschen Energien ausgetauscht. Sie kennen diesen Effekt des Energieaustausches, wenn Sie schon einmal in einem Café oder an einem anderen Platz gesessen haben, wo Menschen sich treffen. Auf einmal blicken Sie sich um und sehen in ein Paar Augen eines anderen Menschen, der Sie gerade ansieht. Oder bei Ihnen zu Hause klingelt das Telefon, und Sie wissen genau wer an dem anderen Ende der Leitung ist.

Mit unseren herkömmlichen Sinnesorganen und mit technischen Mitteln können wir diese Energien nicht wahrnehmen oder beweisen, aber die obigen Beispiele sagen uns, daß es diese Spannung zwischen Menschen gibt.

Manche Menschen nennen diese Fähigkeiten, aus Gefühlen Informationen und Entscheidungshilfen zu bekommen, emotionale Intelligenz. Sie meinen damit die intelligente Nutzung von emotionalen Fähigkeiten.

Für Ihre Verkaufsgesprächsführung sollten Sie sich alle Möglichkeiten offen halten, ihre Wege der Informationsbeschaffung und Entscheidungsfindung auszubauen und zu trainieren.

Deswegen möchte ich Ihnen die Möglichkeiten der Intuition vorstellen. Die Intuition spielt bei allen Ihren Entscheidungen eine Rolle. Die Frage ist nur: Wollen Sie sich auch darauf einlassen? Oder ist das alles für Sie nur Spinnerei?

Auch wenn Sie sich dessen nicht bewußt sind, sind an jeder Entscheidung – auch im Verkaufsgespräch –, die Sie fällen, Ihre Intuition, Ihr Wissen, Ihr Urteilsvermögen und Ihre Gefühle beteiligt.

Wenn Sie sich zum Beispiel fragen, »Soll ich im März zum Golfspielen nach Portugal fahren?«, wird Ihre Entscheidung beeinflußt durch das, was Sie über das Reiseziel wissen, was für ein Gefühl Sie bei dem Gedanken haben, und dann – etwas, das Sie nicht so genau festlegen können – das, was Ihre Intuition über Ihre Idee sagt.

Hinter der Intuition steckt ein sehr komplexer psychologischer Vorgang. Wenn diese Komplexität etwas vereinfacht wird, hat Ihre Entscheidungsfindung vier Informationsquellen:

- Was Sie darüber wissen (Erfahrungsschatz und Wissen)
- Was Sie diesbezüglich fühlen (Gefühle und Emotionen)
- Was Sie darüber intuitiv ermitteln (Intuition)
- Was Sie darüber denken (Interpretation und Urteilsvermögen)

Intuitive Informationen gehen leider leicht verloren, weil wir nicht gelernt haben, damit umzugehen. Sie können aber lernen, diese Informationen zu erkennen. Bisher waren Sie sich vielleicht nicht im klaren darüber, inwieweit Ihre Intuition bei Ihren Entscheidungen eine Rolle spielt. Man tut sie leicht als Gefühl ab. Es ist gut möglich, daß Sie mit Ihrer Logik und Ihrer Ratio schnell über die Ratschläge, die Ihnen die Intuition gibt, hinweggehen.

Sie erhalten ständig einen intuitiven Informationsfluß. Dieser wird aber von den Informationen, die Ihre Sinne, Emotionen, Erinnerungen und Ihr Verstand geben, mehr oder weniger überschwemmt.

Trennen Sie bei einer Entscheidungsfindung am Anfang die Intuition von Wissen und den Gefühlen. Fügen Sie erst später durch die Interpretation alles zu einem Ganzen zusammen.

Was ist Intuition?
Intuition ist ein Verfahren zur Informationsgewinnung, das Sie beim Finden einer Entscheidung unterstützen kann. Sie stützt sich dabei nicht auf die Wahrnehmung Ihrer fünf Sinne, Ihr Gedächtnis oder Ihre Gefühle. Diese werden nur zur Interpretation genutzt.

Neben Verstand und Gefühl ist die Intuition also ein weiterer Kanal, auf dem Sie Informationen und Entscheidungshilfen bekommen können. Es freut mich immer, wenn viele Autoren vom sinnvollen Einsatz der Intuition schreiben. Nur sagen sie leider fast nie, wie wir diese auch einsetzen können. Ich möchte hier und jetzt keinen Ratgeber zur Intuition schreiben. Dennoch möchte ich Ihnen einige kleine Einblicke geben.

Laura Day bietet uns folgende Definition an:
Die Intuition ist ein nicht-linearer, nicht-empirischer Prozeß, bei dem Informationen gesammelt und interpretiert werden, um Fragen zu beantworten.

In dieser Definition finden Sie vier Elemente:

1. Die Intuition ist ein nicht-linearer Prozeß
Ein linearer Prozeß geht von Voraussetzungen und Informationen aus und zieht daraus Schlußfolgerungen und Beweise. Die Intuition dagegen begründet nichts, denn Sie weiß einfach, was sie weiß. Wo die Vernunft sich abmüht, hat die Intuition »Geistesblitze«. Sie hat Fragmente der Realität, die meistens in Form von Symbolen vermittelt werden. Die Symbole müssen dann interpretiert werden.

2. Die Intuition sammelt Informationen durch nicht-empirische Methoden
Empirisch Informationen sammeln heißt basierend auf Experimenten und Erfahrung. Die Intuition aber benötigt keine Daten. Sie können sogar Fragen beantworten zu Themen, über die Sie nichts wissen. Wenn Sie einen intuitiven Eindruck erhalten haben und ihn nutzen, um ihn zu interpretieren, dann wird er empirisch.

3. Die Intuition interpretiert Informationen
Die durch die Intuition gesammelten Informationen müssen interpretiert werden, damit sie von Nutzen sein können. Die Informationen sind meist symbolisch. Symbole sind eine besonders hochentwickelte Form der Information. Wir kennen sie auch von Piktogrammen und Verkehrsschildern.

4. Die Intuition beantwortet Fragen
Die Intuition wird durch eine Frage in Gang gesetzt. Die Frage schärft Ihre Intuition und sagt Ihnen, was Sie in Ihrer Umgebung wahrnehmen müssen. Die Intuition beantwortet Fragen, auch solche, die Sie sich noch nicht bewußt gestellt haben. Sie bekommen Zugang zu Informationen, die jenseits dessen liegen, was Ihr Verstand über die fünf Sinne wahrnehmen kann: Informationen über Menschen, die Sie nicht kennen, über Orte, die Sie nicht kennen, und über die Zukunft. Das klingt abenteuerlich, nicht wahr?

Intuition hat aber nichts mit übersinnlichen Fähigkeiten zu tun – sie steckt in Ihnen selbst. In Ihrer Kindheit haben Sie viel intuitiver gehandelt. Erst die Schule hat Ihre Intuition mit Wissen und Vernünftigsein zugeschüttet. Sie können Ihre Intuition aber wieder befreien und durch Übung wieder für Sie arbeiten lassen.

Wie stelle ich die richtigen Fragen?

Haben Sie in einem Problem (nur Verlierer haben Probleme) erst einmal eine Aufgabe erkannt, ist sie schon halb gelöst. Das gilt auch für die Fragen, mit denen Sie Ihre Intuition aktivieren können. Eine Frage muß genau das ausdrücken, was Sie auch fragen und wissen wollen. Die Antwort auf diese Frage muß eindeutig interpretiert werden können.

Gute Fragen, auf die Sie brauchbare Antworten bekommen, erfüllen diese Voraussetzungen:

- Eine Frage ist genau und so eindeutig formuliert, daß eine präzise Antwort möglich ist.
- Eine Frage ist einfach formuliert und besteht nicht aus mehreren Teilfragen.
- Eine Frage bezieht sich genau auf die Sache, über die Sie etwas wissen wollen.
- Eine Frage ist begrenzt und überprüfbar.

Mehrdeutige Fragen führen eher zu Unsicherheiten oder nichtbrauchbaren Antworten:

- Werde ich genügend Geld haben?
  Was ist genügend? Das kann auch bedeuten: gerade genug zum Leben.
- Werde ich glücklich?
  Was ist glücklich? Was die Gesellschaft als Glück definiert, muß nicht mit meiner Definition übereinstimmen.
- Wird es regnen?
  Sicher wird es irgendwo regnen.
- Werde ich viel verkaufen?
  Viel ist relativ. In bezug auf was?
- Bekomme ich eine Gehaltserhöhung?
  Sicher werden Sie Ihre Gehaltserhöhung bekommen. Reichen Ihnen DM 50,- in etwa zwei Jahren?

Übrigens:
Wenn Sie die richtig formulierten Fragen auch im Verkaufsgespräch mit Ihrem Kunden anwenden, werden Sie erstaunt sein, wie präzise die Antworten Ihrer Gesprächspartner werden.

Um die Intuition möglichst gewinnbringend einzusetzen, können Sie sich für eine intuitive Übung in einen Entspannungszustand versetzen. Stellen Sie sich Ihre Frage und warten Sie ab, welche Bilder und

Symbole Sie erhalten. In Ihrem Unterbewußtsein wird erfahrungsgemäß eine Reihe von Fragen gecheckt, die in dieser Reihenfolge gestellt werden:

* Was geschieht momentan?
* Was wird passieren?
* Was wird sich aus der vorhergehenden Szene entwickeln?
* Wie werden Sie sich oder das Thema Ihrer Frage sich durch all das verändern?

Jeder Mensch muß seinen eigenen Weg finden, um sich in einen intuitiven Zustand zu versetzen. Es hilft Ihnen, wenn Sie sich zunächst einmal entspannen, indem Sie eine bequeme Sitzposition einnehmen und einige Male tief durch atmen. Denken Sie an die Atemübung.

Manche Menschen stellen sich vor, daß sich Ihr Kopf oben öffnet, um intuitive Informationen zu empfangen. Finden Sie Ihre eigene Herangehensweise.

Versuchen Sie vorher doch mal, sich einmal nichts vorzustellen und an nichts zu denken. Eine ziemlich schwierige Übung – nicht wahr?

Interpretation der Symbole

Viele Menschen glauben fälschlicherweise, daß sich die Intuition in vollständigen Sätzen oder in klaren Bildern mitteilt. Intuitive Eingebungen müssen übersetzt werden, damit sie einen Sinn ergeben. Intuition teilt sich nur auf indirekte Weise durch Fragmente und Symbole mit. Auch wenn Sie intuitive Informationen oft sehr deutlich empfangen, erreichen Sie sie häufig in Form von fragmentarischen Bildern, Stimmen und Gefühlen. Auch sogenannte Geistesblitze gehören dazu.

Haben Sie auch schon einmal in einem Verkaufsgespräch eine Eingebung gehabt und plötzlich ganz anders gehandelt, als Sie eigentlich vorhatten? Und Sie hatten Erfolg damit? Diese Entscheidung war zu diesem Zeitpunkt genau die richtige.

Die einzelnen Teile müssen durch Interpretation so zusammengesetzt werden, daß sie einen Sinn ergeben. Die Sprache der Intuition ist nicht immer klar. Durch eine falsche Interpretation können Fehler auftreten. Durch Übung und Erfahrung werden Sie die Sprache der Intuition lernen. Auch die Symbole, die Ihnen mitgeteilt werden und die für jeden Menschen etwas anderes bedeuten können, werden sich Ihnen leichter erschließen.

Oft hört man den weisen Ratschlag: Setzen Sie Ihre Intuition ein. Aber niemand sagt einem, wie das gehen könnte.

Achten Sie auch einmal in Ihren Verkaufsgesprächen darauf, wie Sie intuitive Eingebungen und Geistesblitze in der Praxis umsetzen können. Gerade diese manchmal irrationalen Handlungen können Ihnen den Erfolg bringen. Lassen Sie sich in Ihren täglichen Gesprächen von Ihrer inneren Stimme leiten, den Menschen, die nur auf Ihre Ratio und Ihren Verstand zählen, vernachlässigen einen wichtigen Teil, der helfen kann, die besseren Entscheidungen zu fällen.

Zusammenfassung der 13 Strategien für ein perfektes Management der Beziehung zum Kunden nach der Columbo-Strategie®

1. Investieren Sie genügend Zeit in die gute Vorbereitung und Organisation. Gute Vorbereitung steigert das Selbstvertrauen und macht mehr als die Hälfte des Verkaufserfolgs aus.

2. Machen Sie aus sich und Ihrem Produkt oder Ihrer Dienstleistung eine Marke. Werden Sie für den Kunden unverwechselbar.

3. Erlangen Sie die Meisterschaft in der Fragetechnik und setzen Sie Ihr Wissen gezielt ein.

4. Erweitern Sie Ihre Kontakte und Netzwerke. Denken Sie vernetzt.

5. Machen Sie Ihren Kunden zum Teammitglied.

6. Zeigen Sie Ihrem Kunden, daß Sie ihn mögen. Loben Sie ihn und lernen Sie, aus seiner Position zu sehen.

7. Zeigen Sie dem Kunden, wie Sie seine Wünsche erfüllen können.

8. Behalten Sie den Überblick und die Offenheit für neue Lösungen.

9. Lernen Sie ganzheitliche Kommunikation mit Sprache, Stimme und Körpersprache.

10. Schaffen Sie Erlebnisse für den Kunden.

11. Durch eine positive innere Einstellung schaffen Sie die Grundlage für den Verkaufserfolg. Verkaufen mit Begeisterung geht wie von allein.

12. Präsentieren Sie Ihre Nutzen wie ein Showmaster mit Bildern und einer Traumreise für den Kunden.

13. Verlassen Sie sich auch auf die Informationen von Gefühl und Intuition.

4. Kapitel
Wie führe ich ein erfolgreiches
Preisgespräch?

Verkaufen ohne Rabattgesetz

Wenn Sie sich bisher in deutschen Geschäften und Kaufhäusern um-
schauten, gab es zweimal im Jahr das gleiche Bild zu sehen: Es wurde
mit Rabatten von 20, 30 sogar bis 70 Prozent geworben. Erlaubt war
dies nur zum Sommer- und zum Winterschlußverkauf. Wenn die
Schlußverkäufe endeten, verschwanden auch die Werbetafeln mit den
Rabatten.

In Deutschland durften sonst keine Rabatte gegeben werden. Wer
dennoch Rabatte gab, machte sich strafbar. Wer hat sich aber noch
daran gehalten, außer zu den Schlußverkäufen, Jubiläen oder Ge-
schäftsaufgaben keine Nachlässe zu gewähren? Immerhin hat schon
fast jeder zweite Deutsche nach einer Studie des Instituts für ange-
wandte Verbraucherforschung beim Einkaufen um den Preis gefeilscht und auch deutliche Preisnachlässe bekommen.

Beim Kauf von Kleidung ist ein durchschnittlicher Nachlaß von
32,6 Prozent zu erzielen. Beim Teppichhändler kann man 26,4 Prozent heraushandeln und für Computer 19,1 Prozent. Ferdinand Piech,
Chef von VW, meint, daß es heute keinen Käufer mehr gibt, der bereit
ist, den vollen Listenpreis für ein Auto zu bezahlen. Und bei Autos
lohnt sich das Handeln allemal: 12,6 Prozent werden durchschnittlich
an Rabatten gegeben.

Es soll sogar schon Kunden geben, die sich mittels der internetfähi-
gen WAP-Handys die neuesten Preise von Preisagenturen durchgeben
lassen und dann schlagkräftige Argumente haben, um einen besseren
Preis herauszuhandeln. Mancherorts gibt es noch die Meinung, man
könne in großen Elektrofachmärkten nicht handeln. Nachdem diese
Fachmärkte immer die günstigsten sein wollen, geht auch hier was
beim Preis. Ich habe selbst Beispiele von bis zu 20 Prozent Preisnach-
laß erlebt.

Besonders beliebt ist das nachträgliche Preisverhandeln in Hotels
für die ganz Mutigen: Hat man ein Haar in der Badewanne eines Hotels gefunden, wird heutzutage nicht mehr diskret das Housekeeping

angerufen, sondern man postiert sich gut hörbar an der Rezeption und bemängelt lauthals das Haar des Anstoßes. Allzu leicht erhält man einen Nachlaß oder ein kostenloses *Upgrade*, nur damit wieder Ruhe einkehrt.

Stellen Sie sich einmal vor, Sie sind Verkäufer in einem Elektrofachmarkt, ein Kunde kommt zu ihnen und sagt:»Guten Tag, sind Sie hier zuständig? Ich möchte gerne dieses neue Navigationssystem von xy. Ja, und wenn Sie mir 20 Prozent Rabatt geben, dann nehme ich es sofort mit.«

Zeit zum Zögern haben Sie nicht viel, denn wenn Sie zu lange über eine Antwort nachdenken müssen, dann kann es passieren, daß der Kunde gleich fortfährt:»Und wenn Sie das nicht allein entscheiden können, dann holen Sie mir doch gleich Ihren Chef. Ich bespreche diese Angelegenheit dann mit ihm.«

Solche Situationen sind heute alltäglich. Nicht nur im Einzelhandel, sondern auch – und das in viel größerem Umfang – auch im B2B-Geschäft. Die Einkäufer lassen sich speziell für Preisverhandlungen im Einkauf schulen.

Vielen Verkäufern ist längst die Lust am Verkaufen vergangen. Manche haben mir schon gesagt:»Ich bekomme schon schlechte Laune, wenn wieder so ein Preiskäufer ins Geschäft kommt.« Aber einen Kunden mit schlechter Laune begrüßen? Und das heutzutage, wo die Ansprüche der Kunden immer höher werden und das Informationsniveau der Kunden so groß ist wie nie zuvor?

Ein weiterer Aspekt: Am 4. Mai 2000 hat das Europäische Parlament eine Entscheidung zum E-Commerce gefällt: Wer in der Zukunft in der Europäischen Gemeinschaft Waren oder Dienstleistungen über das Internet anbietet, der hat sich nach den Vorschriften des Landes zu richten, in dem er seinen Sitz hat. Das ist ein entscheidender Nachteil für deutsche Unternehmen.

In Deutschland galt das antiquierte Rabattgesetz von 1933. Konkurrenten aus dem Ausland durften die gleichen Waren in Deutschland mit extremen Rabatten anbieten. Aber dieses Rabattgesetz ist nun abgeschafft.

Was wird geschehen, nachdem das Rabattgesetz und die Zugabeverordnung nicht mehr gelten?

Das Paradies für den Verbraucher und der wirtschaftliche Ruin für kleine und mittlere Betriebe? Branchenkenner vermuten es schon jetzt: Die Abschaffung des Rabattgesetzes und der Zugabeverordnung wird die Branche noch stärker verändern als die Lockerung der Ladenschlußzeiten.

Nicht nur die Branchen, in denen jetzt schon gute Rabatte gegeben werden, sondern auch Branchen wie Fluggesellschaften, Reiseunternehmen, Stromlieferanten, Hotelketten und Telekommunikationsfirmen werden sich warm anziehen müssen. Feilschen macht heute schon Spaß, und diese Lust am Feilschen wird sich bei den Konsumenten sicher noch ausweiten.

Und der arme Verkäufer? Muß er machtlos dastehen und zusehen, wie sein Job überflüssig wird?

Nein, ganz und gar nicht. Alle Unternehmen werden sich darauf einstellen und vorbereiten müssen, wie sie in Zukunft ihre Margen behalten können. Und genau da braucht es dringend gut geschulte Verkäufer, die bestens auf diese neue Herausforderung vorbereitet sind. Dabei soll Ihnen im folgenden die Columbo-Strategie® helfen.

Warum gibt es immer mehr Preisgespräche?

Welche Veränderungen in unserer Gesellschaft haben die immer härteren Preisverhandlungen möglich gemacht? Es gibt verschiedene Ansätze, die diese Frage beantworten. Ohne es allzu wissenschaftlich zu machen, will ich Ihnen acht Gründe oder Entwicklungen nennen, warum bei uns immer mehr um den Preis gefeilscht wird.

1. Warenangebot und Überproduktion

Lassen Sie uns die Entwicklung seit den 50er Jahren verfolgen. Nach dem Krieg waren Produkte knapp und stark nachgefragt. Wer verkaufte, hatte ein leichtes Spiel: Die Waren wurde verteilt, und man brauchte nur zu kassieren. In den 60er Jahren war die Situation nicht wesentlich schwieriger: Es entwickelte sich ein Konsumgeschäft. Die Nachfrage war immer noch größer als das Angebot.

In den 70er Jahren können wir die ersten Anzeichen der beginnenden Freizeitgesellschaft erkennen. Angebot und Nachfrage halten sich die Waage. Durch ein wachsendes politisches Bewußtsein werden die Konsumenten sensibler und reagieren auf ökologische und soziale Skandale. Vielerorts werden Boykottmaßnahmen ausgerufen. Die sind so erfolgreich, daß manche Hersteller gezwungen sind, darauf zu reagieren. Der Kunde bekommt Macht, weil sich Angebot und Nachfrage nicht mehr die Waage halten.

Diese Tendenz setzt sich in den 80er Jahren fort. Es gibt zuviel Angebot bei gleichbleibender Nachfrage. Und wo stehen wir heute?

In den 90er Jahren wurde die Wirtschaft geprägt von Rezession und Postmaterialismus. Andere Werte werden wichtiger als das rein Materielle. Das sogenannte *Cocooning* entsteht: Man zieht sich in seine eigene Welt zurück.

Die Produkte, die am Markt vorhanden sind, werden immer austauschbarer und vergleichbarer. Die Zeitabstände, in denen neue Produkte und Innovationen auf dem Markt erscheinen, werden kürzer. Auch die Phase der Marktsättigung und des Erscheinens von günstigeren Konkurrenzprodukten wird immer schneller.

Durch die Überproduktion sind die Hersteller gezwungen, neue Vertriebswege einzuschlagen. Es entstehen Schnäppchenmärkte oder Factory Outlets. Sogar die bisher als preisstabil bekannten Luxusmarken scheuen nicht mehr davor zurück, auf der grünen Wiese ihre Produkte mit gewaltigen Preisnachlässen zu verkaufen.

Auch brechen viele Handelsschienen ihre Traditionen und gehen

neue Wege der Vermarktung. So können Sie jetzt Kleidung, Fahrrad-
zubehör und sogar Computer bei Aldi kaufen. Diese Computer
schneiden in den Tests der Fachzeitschriften auch noch gut ab. Sogar
eine Tankstellenkette hat erfolgreich eine Aktion mit Computern gemacht. Die bekannten Kafferöster haben längst ihre traditionellen
Produktprogramme erweitert und machen heute den größten Teil ihres Umsatzes nicht mehr mit Kaffee, sondern mit all den schönen Sachen, die das Leben noch lebenswerter machen. Möbelhäuser richten
sogenannte Erlebniswelten ein mit speziellen Themenmärkten für die
Kinder.

2. Sommerschlußverkauf das ganze Jahr?

Durch die eben beschriebene Überproduktion sind zu viele Waren auf
dem Markt. Hersteller und Händler stehen in einem Wettbewerb, der
immer härter wird. Der Kampf um Marktanteile wird mit allen Mitteln geführt.

Ein Weg, seine Produkte stärker im Markt zu positionieren, ist die
Umsatzsteigerung durch Sonderangebote und Nachlässe. Wenn der
erste Hersteller und auch der erste Händler anfängt, seine Waren über
Nachlässe zu verkaufen, dann wird ihm bald einer folgen und schließlich sehr viele. Der Kunde wird mit Werbung überschüttet, die ihm
Preisnachlässe für fast alles verspricht. Hersteller und Händler haben
ihre Kunden erfolgreich erzogen:

Durch die entstandene Rabattspirale fragt sich der Verbraucher:
Warum soll ich ein Produkt überhaupt noch zum angegebenen Preis
kaufen? Wenn ein neues Produkt auf den Markt kommt, kann ich doch
eine kurze Zeit warten und dann zuschlagen, wenn die ersten Händler
auf die gute Idee kommen, genau dieses Produkt zu einem Sonder-
preis anzubieten. Was folgt daraus? Der Kunde ist schnell lernfähig.
Die Werbung hat uns den Satz tausendfach eingehämmert: Ich bin
doch nicht blöd! Genau, warum soll ich so viel Geld für dieses Produkt ausgeben. Der Effekt kommt aber wie dieses berühmte austral-

sche Wurfgeschoß zum Hersteller und zum Händler zurück. Und die Verkäufer? Werden sie hilflos im Regen allein stehen gelassen?

3. Wie sieht unsere Zukunft in wirtschaftlicher Hinsicht aus?

Schauen wir uns einmal eine durchschnittliche deutsche Familie an, der es gar nicht so schlecht geht: Der Familienvater hat mit seiner Frau zusammen zwei Kinder, und sie haben sich vor drei Jahren eine schöne Eigentumswohnung am Rande der Stadt leisten können. Als Abteilungsleiter in einem Unternehmen für elektronische Bauteile hat er einen relativ sicheren Job.

Aber der starke Konkurrenzkampf in der Branche hat auch seine Spuren in diesem Unternehmen hinterlassen: Weil die Rendite des Unternehmens sank, sind die Verhandlungen um eine Gehaltserhöhung in den letzten beiden Jahren in einer positiven Nullrunde geendet. Das Leben wird aber teurer. Durch Benzinpreiserhöhungen und steigende Lebenshaltungskosten steigen die monatlichen Ausgaben. Wegen der beiden kleinen Kinder kann die Frau noch nicht arbeiten gehen.

Was wird die Familie tun, um ihren Lebensstandard aufrecht zu erhalten? (Wie die meisten Konsumenten der heutigen Generation ist auch diese Familie nicht bereit, ihren Lebensstandard zu senken, obwohl weniger Geld zur Verfügung steht.) Das verfügbare Geld wird bewußter ausgegeben. Die Familie entwickelt eine ausgeklügelte Strategie, um den Lebensstandard zu erhalten.

Diese Einkaufsstrategie macht sich schließlich wieder bei den Verkäufern bemerkbar, die vermehrt nach Rabatten und Nachlässen gefragt werden von Menschen, die es eigentlich gar nicht nötig hätten. Weil immer mehr Kunden aus einer Schicht, die durch eine gute Ausbildung eine höhere Position im Berufsleben erreicht hat nach Rabatten fragt, werden diese Fragen durch das gestiegene Selbstbewußtsein dieser Kunden zu Forderungen. Immer schärfer werden diese Verhandlungen geführt. Und wenn man hier diesen Rabatt nicht bekommt,

dann geht man eben woanders hin. Der Verkäufer steht dann oft genug
ratlos da und wird immer ärgerlicher.

4. Customer Empowerment – der informierte Verbraucher

Überall – in Zeitungen, Zeitschriften, im Fernsehen und in der Werbung werden die Verbraucher heute informiert. Wie erhalte ich die
besten Preise und die besten Waren?

Der Kunde von heute weiß ganz genau, was er kaufen will und informiert sich deshalb im Vorfeld exakt über das Produkt, das er haben
möchte. So kann es schnell vorkommen, daß der Kunde über sein
Wunschprodukt mehr weiß als der Verkäufer, der die gesamte Palette
seines Angebots beherrschen muß. Viele Verkäufer der alten Generation sind heute immer noch stolz auf ihr Produktwissen. Sie meinen
auch heute noch: Bei meinem Produktwissen, da kann mir so schnell
keiner was vormachen. Ich bin ja schon seit vielen Jahren im Geschäft.

Mit dieser Einstellung verpassen viele Verkäufer irgendwann den
Zug und haben das Nachsehen. Zahlreiche Kunden sehen übrigens
das Produktwissen des Verkäufers als selbstverständlich an. Nur wenn
der Verkäufer dem Kunden einen Produktvorteil so vermitteln kann,
wie ihn der Kunde noch nicht gesehen hat, dann wird es interessant.

Die Möglichkeiten der Informationsbeschaffung werden für den Kunden durch das Internet um ein Vielfaches gefördert. Der Kunde kann
zielgenau und kostengünstig ein Beschaffungsmarketing betreiben.
Er muß nicht einmal aus dem Haus gehen, um zu erfahren, wo das
Produkt oder die Dienstleistung am günstigsten angeboten wird.
Business-Communities, Portale und Preisagenturen unterstützen ihn
darin. Er kann sich sogar in die Händlerinformationsseiten einwählen
und hat in manchem oft einen Informationsvorsprung gegenüber dem
Händler, der sich wegen Arbeitsüberlastung noch nicht informieren
konnte.

Der Kunde kann wie ein Anbieter im Internet agieren. Die Vergleichbarkeit hinsichtlich Nutzen, Lieferung, Service, Schnelligkeit und Beratung fällt immer leichter, und es herrscht eine Wissensparität auf Kunden- und Verkäuferseite.

Aufgrund der Informationsvielfalt entsteht die sogenannte Customer Empowerment, das heißt, der Kunde betreibt seine eigene Wertschöpfung und gewinnt durch die Information an Macht.

In bestimmten Foren können sich Kunden untereinander austauschen oder ihre Reklamationen öffentlich machen. Unternehmen sollten daher dem Kunden die Möglichkeit geben, mit dem Unternehmen zu kommunizieren. Im Sinne einer guten Kundenbindung ist es sogar möglich, durch eine gezielte Kundenintegration den Kunden in die Stufen der eigenen Wertschöpfungskette teilhaben zu lassen. Unternehmen erhalten so nicht nur eine kostenlose Betriebsberatung, sondern auch zufriedene Kunden, die durch die Erfüllung ihrer Wünsche stärker an das Unternehmen gebunden werden.

Verkäufer müssen sich gezielt auf diese neuen Kunden einstellen. Wenn der Verkäufer in Zukunft die Chance bekommt, mit seinem Kunden persönlich reden zu können, dann müssen neue Werte für den Kunden geschaffen werden. Übrigens genau nach dem Motto: Auf jede Bewegung folgt eine Gegenbewegung, dürfen wir die Auswirkungen des Internets nicht zu pessimistisch sehen.

Die Chancen und Möglichkeiten für Verkäufer sind ebenfalls äußerst vielfältig. Auch der Drang des Menschen nach einer Beratung von Mensch zu Mensch wird in vielen Branchen bleiben. So scheinen sich entgegen vieler Erwartungen auch Autos nicht gerade ideal für den Verkauf im Internet zu eignen. Ein amerikanisches Unternehmen, das unter der Domain www.carorder.com Autos im Internet anbot, hat bereits seine Angebote im Internet zurückgezogen und will sich auf den konventionellen Autohandel konzentrieren. Das Auto ist und bleibt für viele eben doch ein emotionales Produkt, das man sehen, fühlen und erleben muß, bevor man sich für den Kauf entscheidet.

5. Fraktale Märkte und Lebensumwelten

Das Konsumverhalten des Kunden hat sich in den letzten Jahren radikal geändert. Die Trendforscher haben es zuerst erkannt: Die klassischen Zielgruppen werden immer undurchschaubarer, oder sie verschwinden gänzlich. Es sind sogenannte fraktale Märkte entstanden. Sie zeichnen sich dadurch aus, daß sie sehr klein und manchmal sogar fast unaufspürbar sind.

Wenn wir uns das Markenverhalten der Jugendlichen ansehen, werden wir vielleicht zuerst einmal sogar gar nichts sehen. Denn der Code, zu welcher Gruppe man gehört, kann sich nur in Kleinigkeiten offenbaren: Eine bestimmte Uhr, ein bestimmtes T-Shirt oder nur eine bestimmte Art Schnürsenkel kann dem Insider Informationen geben, die den meisten anderen verborgen bleiben.

Je nach Lebensgefühl und Interesse wechselt der Kunde zwischen mehreren Zielgruppen. Und dabei wird er immer unberechenbarer. Eine sogenannte moderne Askese ist entstanden: Der Kunde spart in Bereichen, die ihm nicht wichtig erscheinen, dafür gibt er in den Sparten, für die er sich interessiert oder die sein Hobby sind, überdurchschnittlich viel Geld aus.

Der Marketingprofessor Erich Küthe hat es aufgegeben, nach Zielgruppen zu forschen. Er spricht nur noch von Lebensumwelten der Verbraucher. Wenn er Unternehmen bei der Entwicklung von neuen Produkten berät, werden Collagen der Lebensumwelten des zukünftigen Käufer erstellt. Es ist dabei wichtig, welche Zeitungen, Zeitschriften und Bücher gelesen werden, welche Autos benutzt werden oder welche Farben-, Muster- und Design-Vorlieben vorliegen. Sogar Urlaubsziel oder beruflicher Alltag werden berücksichtigt. Das ist ein spannendes Verfahren. Aber wie stellen sich Verkäufer darauf ein?

6. Markenorientierung

Haben Sie sich schon einmal Gedanken über Ihre eigene Markenorientierung gemacht? Welche Marken kaufen Sie ein? Warum kaufen

Sie gerade diese Marken? Reicht es für eine hochpreisige Marke heute noch, nur ihr Qualitätslabel auf dem Produkt anzubringen?

Für die meisten Kunden, die mehr Geld für eine Markenware ausgeben, ist heute eine Frage wichtig: Was macht dieses Markenprodukt so wertig, das es einen höheren Preis rechtfertigt? Es wird nach dem sogenannten Added Value gefragt. Nur wenn die Qualität und weitere Zusatznutzen einen höheren Preis rechtfertigen, wird dieses Produkt auch gekauft.

Genauso gerne geht der Verbraucher in Discountgeschäfte, um No-Name-Produkte zu kaufen, die oftmals den gleichen Qualitätstandard haben wie höherpreisige Produkte, bei denen man den Namen mitbezahlen muß.

Wenn Sie, wie ich, bekennender Aldi-Kunde sind, dann haben Sie es auch schon gemerkt: Es ist heute keine Schande mehr, mit dem Porsche oder einem Oberklasse-Mercedes bei Aldi vorzufahren und sich seinen Champagner dort zu kaufen. Schließlich ist er sogar im Test hervorragend bewertet worden. Dafür können wir uns ja dann die gewünschte Golfausrüstung ein Jahr eher kaufen!

Oder ein Ehepaar steigt aus einem äußerst günstigen und sparsamen Kleinwagen, der vielleicht schon einige Jahre auf dem Buckel hat, und macht sich auf den Weg in die Oper. Er trägt einen neuen Smoking und sie ein elegantes Abendkleid. Die Karten für die stattfindende Premiere haben über DM 200,- das Stück gekostet.

Wer will solche Verbraucher noch einschätzen oder in eine Zielgruppe zwängen?

7. Wie sich Kunden im Urlaub weiterbilden

Ein weiterer Aspekt des Einkaufens ist in den letzten Jahren bei uns kultiviert worden. Waren Sie schon einmal in einem orientalischen Land oder in Tunesien, Marokko oder der Türkei im Urlaub? Als Sie durch die Straßen der Altstädte gebummelt sind, hat sich Ihnen plötzlich eine neue Welt aufgetan: Sie sind über einen der berühmten Basare gebummelt. Sie haben die vielen bunten Farben und die exotischen Gerüche wahrgenommen. Als Sie sich dann, inspiriert von dem geschäftigen Treiben, für den Kauf eines Andenkens entschieden haben, werden Sie bestimmt nach Sitte des Landes den Preis verhandelt haben: Sie haben gefeilscht um jeden Preis. Hartnäckigkeit, Bluff, Freundlichkeit haben sich ausgezahlt, und Sie haben zu einem für Sie annehmbaren Preis gekauft.

Genau dieses Feilschen haben viele Touristen aus dem Urlaub mit nach Hause gebracht. Die beste Ausbildung, wie man um Preise feilscht, haben sie im Urlaub bekommen. Und Spaß hat es auch noch gemacht.

Mit den Erfolgen des Feilschens aus dem Urlaub im Kopf wurden auch daheim die ersten Erfolge erzielt. Nicht umsonst gehen so viele Menschen gerne auf Flohmärkte. Aufgrund des gelungenen Handels wird der Kunde selbstbewußter. Elektrogeräte gibt es leicht günstiger, Möbel bekommt man fast ohne zu fragen mit einem Rabatt, ja und wenn ein neues Auto ansteht, geht der Kunde selbstsicher ins Autohaus und bekommt auch dort gute Nachlässe.

Im Freundes- und Bekanntenkreis kann dann mit der Höhe des erzielten Rabattes richtig geprahlt werden. Hat vor Jahren ein Mann am Stammtisch erzählt, er habe sich ein neues Auto gekauft, kam als Frage: Was hast Du Dir denn gekauft?

Heute erhalten Sie in der gleichen Runde die Frage: Wieviel Rabatt hast Du denn bekommen?

8. Der Kunde will Erlebniswelten

Das eben beschriebene Beispiel aus dem Basar zeigt einen wichtigen Trend im heutigen Verkaufen deutlich auf: Der Kunde will beim Einkaufen Spaß haben, er will ein Erlebnis geboten bekommen. Und das gilt nicht nur für den Privatkunden. Genauso im B2B-Bereich müssen Sie Ihren Kunden ein Erlebnis bieten. Warum soll der Kunde schließlich gerade Ihnen den Termin geben, wenn er woanders zum gleichen

Preis einkaufen kann? Auch hier wird wieder die Wichtigkeit der Beziehungsebene offensichtlich.

Im krassen Gegensatz zum Erlebniseinkauf steht der Versorgungseinkauf der Dinge für das tägliche Leben. In welchen Geschäften besorgen Sie die Grundeinkäufe? Macht die Hektik in den Geschäften und das Anstehen an den Kassen noch Spaß? Für uns Deutsche wird die Freizeit immer wichtiger. In unserer knapp bemessenen Zeit wollen wir einen Ausgleich vom Arbeitsalltag. Wir wollen Spaß haben und etwas erleben.

Wenn wir dann in unserer Freizeit abseits vom Einkaufsstreß am Samstagvormittag als Konsumenten zum Einkaufen gehen, dann wollen wir genießen können. Da heißt das Einkaufengehen auch nicht mehr Einkaufen, sondern Shoppen – Erlebnis inklusive. Spaß, Abenteuer, Luxus und das Ausleben von Gefühlen sind hier gefragt. Wer von Ihnen in den USA die luxuriösen Einkaufs-Malls kennt, weiß, wie man mit Spaß und Freude einkaufen kann.

Noch gibt es in Deutschland zu wenige dieser Möglichkeiten des erlebnisorientierten Einkaufs. Allzu häufig treffen wir noch auf die von Minoru Tominaga zutreffend beschriebenen Warenaufpasser, die sich schnell in eine andere Ecke des Geschäfts verziehen, wenn ein Kunde im Anmarsch ist. Weil der Kunde jetzt da ist, kann er auf die Ware aufpassen. Solche Verkäufer nennen sich zwar oft Verkäufer, aber wenn man sie fragt, was sie eigentlich hauptsächlich beim Kunden tun, sagen sie: Ich bediene den Kunden. Leider ist der Kunde bei solchen Verkaufsgesprächen hinterher im wahrsten Sinne des Wortes bedient.

Spaß, Feilschen und Erlebniseinkauf werden im privaten Bereich geübt und erfolgreich umgesetzt. Schließlich werden genau diese Strategien in das Geschäftsleben übernommen. Gut ausgebildete Einkäufer profilieren sich inzwischen besonders gerne über ihre geschickten Einkaufsstrategien. Auf diese Weise können sie ihren Vorgesetzten beweisen, wie wichtig und gewinnbringend sie für das Unternehmen sind. Und die Verkäufer haben selten die richtige Taktik, um diesen Forderungen nach Nachlässen richtig zu begegnen.

Die Werterhöhung des Produkts

Wenn dem Kunden der Preis für ein Produkt oder eine Dienstleistung zu hoch ist, dann hat es der Verkäufer noch nicht geschafft, die Wertvorstellung des Kunden mit der Höhe des Preises in Einklang zu bringen. Im Kopf des Kunden gibt es eine Wertvorstellung für das bestimmte Produkt. Die Aufgabe des Verkäufers ist es, durch die gute Argumentation von Vorteilen und Nutzen die Wertvorstellung zu erhöhen.

Wenn die Wertvorstellung und der Preis eine Ebene erreicht haben, kann der Kauf erfolgen, wenn auch alle anderen möglichen Kaufhindernisse überwunden sind. Gerade für die Werterhöhung ist es wichtig, daß der Verkäufer in der Phase der Wunschermittlung die richtigen Fragen nach den Produktnutzen gestellt hat, die diesem speziellen Kunden wichtig sind. Genau diese Produktvorteile kann er wieder verwenden, wenn er den Preis für das Produkt nennt.

In allen Branchen finden wir Produkte, die vergleichbar und austauschbar sind. Darunter gibt es auch Produkte, die von ihren Produktnutzen etwas mehr können als andere, preislich aber auf einem Niveau liegen.

Viele Verkäufer sagen: Das Produkt der Konkurrenz hat mehr Nutzen als meines. Ich kann meine Kunden gut verstehen, die das andere Produkt der Konkurrenz kaufen. Da kann ich leider nichts machen. Hätte ich doch nur auch so ein gutes Produkt.

Haben diese Verkäufer Recht mit dieser Meinung? Nun, es gibt sicherlich Produkte, die entschieden mehr Vorteile und Nutzen haben als andere. Da kann diese Meinung richtig sein. Aber in allen Fällen, in denen der Produktvorteil nur ein kleiner ist – und das ist die überwiegende Anzahl der Produkte – ist diese Meinung nur eine Schutzbehauptung dafür, daß sich der Verkäufer nicht mehr anstrengen will.

Wir Menschen sind oft ganz schnell dabei, einen Schuldigen zu suchen, wenn wir Probleme sehen. Der bessere Weg, aber auch der schwierigere, ist die Herausforderung anzunehmen und durch ein bes-

seres Verkaufsgespräch den Kunden von dem eigenen Produkt zu überzeugen.

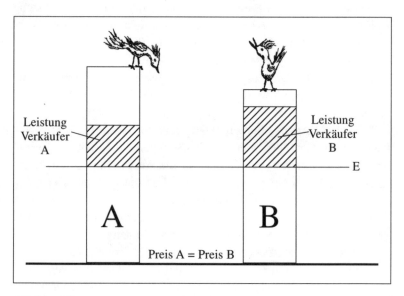

Abbildung 2

In der obenstehenden Grafik sehen Sie zwei Produkte. Jede Säule
steht für den Produktnutzen des jeweiligen Produkts. Die Säule von
Produkt A ist etwas höher als die von Produkt B. Das Produkt A kann
also etwas mehr als Produkt B. Nehmen wir einmal an, beide Produkte kosten gleich viel. Welches Produkt würden Sie kaufen? Sicherlich
Produkt A.

Die Linie E zeigt die Erwartungshaltung eines Kunden an. Diesen
Produktnutzen muß das Produkt für den Kunden haben. Beide Produkte erfüllen die Anforderungen des Kunden. Geht nun ein Kunde in
zwei verschiedene Geschäfte und läßt sich von zwei Verkäufern die
beiden unterschiedlichen Produkte erklären, so wird er sich für das
Produkt entscheiden, das über seine Minimalanforderungen hinaus
mehr für ihn leisten kann.

Die schraffierten Flächen zeigen an, wieviel an zusätzlichem Nutzen die jeweiligen Verkäufer dem Kunden vermitteln können. Dabei schafft es der Verkäufer des Produktes B, dem Kunden etwas mehr an Zusatznutzen zu verkaufen als Verkäufer A.

Weil der Kunde die weiteren Vorteile nicht kennengelernt hat, wird er das Produkt kaufen, das in seinem Kopf die höhere Wertvorstellung erlangt hat. In diesem Fall Produkt B. Gute Verkäufer jammern nicht über ihre schlechten Produkte, sondern finden die jeweiligen Nutzen ihres Angebots heraus, die für den Kunden wichtig sind. So kann der Verkäufer des schlechteren Produkts durch ein gutes Verkaufsgespräch trotzdem den Abschluß machen.

Der Preis für ein Produkt

Viele Verkäufer lassen sich im Preisgespräch allzu schnell auf den Preis des Produktes reduzieren. Sie haben gesehen, wie Sie den Wert im Kopf des Kunden erhöhen können. Haben Sie sich schon einmal damit beschäftigt, was den Preis für ein Produkt ausmacht? Es sind so viele einzelne Komponenten, die hier zusammenkommen können. Nur müssen Sie auch mit dem Kunden darüber reden.

Der Preis für ein Produkt kann sich zusammensetzen aus:

• *Das Produkt*
Sicherlich ist das Produkt selbst und seine Produktnutzen der zentrale Punkt für die Preisgestaltung.

• *Die Qualität*
Für viele Kunden ist die Qualität sehr wichtig für eine Kaufentscheidung. Dazu gehören auch Aspekte wie Zuverlässigkeit, Verarbeitung, Materialien und Haltbarkeit.

• *Die Garantie*
Gerade bei technischen Investitionen will der Kunde die Sicherheit
einer umfassenden Garantie genießen. Zu diesem Punkt gehören auch
die Bereitstellung und Logistik von Ersatzteilen und das Verhalten in
Kulanzfällen.

• *Die Logistik*
Für den Kunden können Fragen der Logistik entscheidend sein für die
Auftragserteilung. Besonders in der industriellen Fertigung und der
Just-in-Time-Produktion muß die zeitgerechte Bereitstellung der
richtigen Menge gewährleistet sein. Lieferzeiten sind für alle Produk-
te und Dienstleistungen ein entscheidendes Kaufkriterium.

• *Die Konditionen*
Zahlungsziel, Valuta und Skonto sind für jeden kaufmännisch denken-
den Menschen eine kleine Chance, etwas weniger für einen Auftrag
zu bezahlen. Vielerorts werden Jahreskonditionen vereinbart, die für
beide Seiten Vorteile beinhalten.

• *Der Service*
Was Service alles bedeuten kann, dafür werden Sie noch einige Anregungen bekommen. Wer es schafft, seine Servicepunkte gut zu verkaufen, der kann in harten Preisverhandlungen einiges an Boden gut
machen. In den Bereich After-Sales-Service gehört auch Ihre Betreuung des Kunden nach dem Kauf. Haben Sie schon die Chance genutzt, die Grundlagen für Folgeaufträge zu schaffen?

• *Das Image*
Für Image und Marke geben die Konsumenten immer noch etwas
mehr Geld aus als für Produkte ohne Markennamen. Wie ist der Be-
kanntheitsgrad Ihrer Marke, wie bekannt sind Sie? Welches Image
haben die Produkte und Dienstleistungen, die Sie verkaufen? Strahlt
Ihr Produkt die nötige Kompetenz aus?

• *Referenzen*

Referenzkunden und Erfolgsstories können die gesamte Nutzenargumentation in einem Verkaufsgespräch ersetzen. Versuchen Sie, dem Kunden das Gefühl zu vermitteln: Das will ich auch haben. Diese Vorteile will ich auch genießen.

• *Werbematerial*

Die Gestaltung und Anmutung der Kundeninformationen kann einen Einfluß auf die Wertigkeit des Produktes haben. Nicht umsonst sprechen wir von Hochglanzprospekten. Das Produkt soll von seiner glänzendsten Seite verkauft werden.

• *Promotion*

Für B2B-Kunden, die im Wiederverkauf stehen, können Abverkaufshilfen, Prospekte, Dekohilfen und Produkttests eine große Hilfe im Marketing darstellen. Generell ist eine Marketingberatung inzwischen gängiger Bestandteil von vielen Verkaufsgesprächen in vielen Branchen.

• *Schulungen und Trainings*

Werden Weiterverkäufer oder auch die Endkunden und Benutzer ausreichend geschult? Gibt es Trainings für Verkauf oder Einweisungen für das Betreiben des Produktes?

• *Ranking-Lists*

In veröffentlichten Listen werden oft die führenden Unternehmen in der Reihenfolge ihres Umsatzes oder anderer Kriterien angegeben. Von Wirtschaftsmagazinen gibt es sogar Listen, die angeben, wie beliebt ein Unternehmen in den Augen von potentiellen Mitarbeitern ist. Sind nicht auch die Einstellungsgespräche für gutes qualifiziertes Personal zu Verkaufsgesprächen geworden, in denen die Personalverantwortlichen die Bewerber überzeugen müssen, warum dieses Unternehmen das bessere für den Kandidaten ist? Produkttests werden in

Verbrauchermagazinen dargestellt und für die Vergleichbarkeit in Listen aufbereitet.

• *Der Verkäufer*
Sie als Verkäuferpersönlichkeit sind ein ganz zentraler Punkt für den Preis eines Produktes. Immer wieder treffe ich in verschiedenen Branchen Verkäufer, die sagen:»Meine Kunden kommen zu mir. Auch wenn ich zu einer anderen Firma gehen würde, der Großteil meiner Kunden würde mit mir die Firma wechseln.«

Die Persönlichkeit eines Verkäufers ist vielen Kunden einiges an Geld im Preisgespräch wert. Natürlich hängen die Erfolgsfaktoren von Verkäufern mit ihrem Auftreten, ihrer Körpersprache, ihrer Kompetenz und ihrer emotionalen Intelligenz zusammen. Auch die gute Vorbereitung auf das Gespräch und die perfekte Zusammenstellung der Verkaufsunterlagen spielen bei der Wertigkeit eines Produktes eine Rolle.

Welche Punkte fallen Ihnen für Ihre Produkte und Dienstleistungen zusätzlich ein?

_____

_____

_____

_____

_____

_____

_____

_____

_____

_____

_____

_____

_____

Die Beziehung zum Kunden im Preisgespräch

Sie haben im letzten Kapitel viele Anregungen für ein gutes Beziehungsmanagement zu Ihren Kunden gefunden. Warum ist die gute Qualität der Beziehung zum Kunden auch für das Preisgespräch so wichtig? Sie ist nicht nur Grundlage einer Geschäftsbeziehung, die in die Zukunft ausgerichtet ist, sondern kann Ihnen bei der Preisverhandlung wertvolle Dienste leisten. Haben Sie die Zeit im Verkaufsgespräch genutzt, um eine von menschlicher Zuneigung geprägte Beziehung aufzubauen, dann wird die Wahrscheinlichkeit geringer, daß die Forderung nach einem hohen Nachlaß sehr hart formuliert wird. Mit einem Menschen, zu dem man eine Beziehung aufgebaut hat, wird man etwas menschlicher umgehen als mit einem Warenaufpasser, den man bei seiner Arbeit stört.

Bringen Sie sich in die Vorteilsposition

Haben auch Sie inzwischen Situationen im Kundengespräch, in denen Ihnen nach unverschämten Rabattforderungen des Kunden erst einmal für zwei bis drei Sekunden die Sprache wegbleibt? Eine solch lange Zeitspanne können Sie sich leider in der Realität gar nicht leisten. Der Kunde würde sofort merken, daß er Sie am wunden Punkt getroffen hat und an dieser Stelle gnadenlos weiterbohren.

Deshalb ist die Vorbereitung auf die möglichen Rabatt- und Nachlaßforderungen ein ganz wichtiger Teil Ihrer Arbeit. Manche Verkäufer meinen, Sie hätten in ihrer langjährigen Berufserfahrung so viel Wissen angesammelt, daß sie alle diese Situationen bestens beherrschen und aus dem Gefühl heraus reagieren können.

So bekommt ein Kunde in einem Autohaus auch heute noch auf seine Frage, wieviel Rabatt er denn bekomme, die kompetente Antwort: 40 Prozent. Ich hole mal die Schnapsflasche. Der aufgeklärte Kunde von heute findet solche Scherze, die vielleicht einmal vor 20

Jahren dem Kunden ein müdes Lächeln hervorgerungen haben, überhaupt nicht mehr lustig.

Wenn Sie als Verkäufer auf die neu entstehenden Anforderungen der Kunden nicht vorbereitet sind und nicht souverän reagieren, werden die Kunden Sie verlassen, und Sie haben doch Recht gehabt: Gegen diese Preiskäufer kann man nichts machen!

Oder doch? – Ja, man kann!

Ein psychologischer Effekt hilft Ihnen dabei: Wenn Sie ein besonders unverschämtes oder neues Argument von Ihrem Kunden zu hören bekommen, geraten Sie in einen Streßzustand, der Ihre Wahrnehmung beeinträchtigt und sogar zu kleinen Denkblockaden führt. Das sind dann die Situationen, zu denen uns eine Stunde später eine gute Antwort einfällt und wir uns sagen: Ach, das hätte ich sagen sollen. Das kennen wir doch alle, oder?

Wenn Sie sich aber gut vorbereitet haben, dann können Sie aus einer Routine heraus auf diese Situationen reagieren und sind offen für die Signale des Kunden, die er zwischen den Zeilen aussendet, und für die Signale seiner Körpersprache. Sie haben sich in eine neue Position gebracht, aus der heraus Sie viel entspannter reagieren können.

Die häufigsten Einwände der Kunden im Preisgespräch:

* Ihr Angebot ist zu teuer.
* Bei der Konkurrenz bekomme ich mehr Rabatt.
* Ich habe ein besseres Angebot von einem Wettbewerber.
* Ein Freund von mir hat 20 Prozent bei Ihnen bekommen.
* Ich gebe Ihnen für das Produkt DM 1.000,– (statt DM 1.280,–).
* Wir werden in den nächsten Jahren viele Aufträge an Sie vergeben, wenn der Preis stimmt. Und dieser erste Auftrag muß als Testauftrag besonders günstig sein.
* Das muß ich mir nochmal überlegen.
* Ich muß das nochmal mit meiner Frau besprechen.

- Holen Sie mir Ihren Abteilungsleiter.
- Wenn Sie die Kompetenz nicht haben, dann holen Sie mir doch Ihren Chef.
- Ich bin ein Freund von Ihrem Chef.
- Zum nächsten Gespräch bringen Sie bitte Ihren Chef mit, damit wir dann die letzte Preisverhandlung führen können.
- Wieviel Rabatt bekomme ich bei Ihnen?
- Wenn ich 20 Prozent Rabatt bekomme, dann nehme ich das Produkt sofort mit.
- Ich bin Stammkunde bei Ihnen.
- Wir kaufen bei Ihnen schon seit sieben Jahren.
- Wenn Sie mir jetzt einen guten Preis machen, dann bringe ich Ihnen auch noch andere Kunden.
- Ihre Lieferzeiten sind mir zu lange. Wie kommen Sie mir im Preis entgegen?
- Ist das Ihr letzter Preis?
- Was geht da noch am Preis?
- Lassen Sie sich Ihr Angebot noch einmal durch den Kopf gehen.
- Ich zahle bar.
- Im Internet bekomme ich das viel billiger.

Wenn Sie jetzt sagen, die ganzen Einwände kommen bei mir nicht vor (was ich mir nicht vorstellen kann), dann formulieren Sie jetzt diejenigen, die bei Ihnen vorkommen.

Welche Einwände sind bei Ihnen an der Tagesordnung?

_____

_____

_____

_____

_____

_____

_____

Wenn Sie im folgenden die 13 Strategien für erfolgreiche Preisgespräche kennenlernen, werden Sie diese Anregungen sicherlich in
Ihre Praxis umsetzen können.

Die 13 Strategien für erfolgreiche Preisgespräche nach der Columbo-Strategie®

1. Feilschen um den letzten Preis?

Läßt Columbo mit sich feilschen? Den Preis in einem Krimi muß der Täter zahlen. Columbos Aufgabe in seiner Ermittlungsstrategie ist es, die nötigen Beweise und Aussagen zu sammeln, damit der Täter »Ja« sagen muß. Zwar nicht zum Verkauf, aber zu seiner Tat. Zahlen muß er dann selbst. Columbo hat standhaft sein Ziel verfolgt und es mit der notwendigen Vorbereitung auch erreicht.

Verwirklichen Sie Ihre Preisziele

Die Grundvoraussetzung für ein erfolgreiches Preisgespräch ist, eine genaue Vorstellung von dem Preis zu haben, den Sie erzielen wollen. Sie müssen vor dem Gespräch Ihr Ziel kennen und Ihre eigene Schmerzgrenze ausgelotet haben. Für Sie muß der Preis feststehen, unter den Sie in keinem Fall gehen wollen. Ihre innere Überzeugung ist sich der Wertigkeit Ihres Produktes oder Ihrer Dienstleistung absolut sicher.

Wenn Verkäufer von der Wertigkeit Ihres Produktes nicht überzeugt sind (weil ja die Konkurrenz wieder einmal viel besser ist), überträgt sich die fehlende Standhaftigkeit auf die persönliche Wirkung des Verkäufers. Professionelle Einkäufer erkennen an Körpersprache und Auftreten des Verkäufers, wo er seine Schwachpunkte hat und werden diese im Preisgespräch schnell und effektiv ausnutzen. Verkäufer ohne Selbstbewußtsein und Standhaftigkeit werden schnell ihre Grenzen vorgeführt bekommen.

Schaffen Sie es, für Ihre Angebote sogar begeistert zu sein? Brennt in Ihnen noch das Feuer, das den Kunden anstecken kann?

Und wenn Sie überhaupt nicht vom Preis Ihres Angebotes überzeugt sind? Überlegen Sie, wieviel Nutzen Ihr Produkt dem Kunden bringen kann. Wie das Preis/Leistungsverhältnis für Ihren Kunden aussieht. Es kann auch hier äußerst hilfreich sein, sich wieder einmal in die Lage des Kunden zu versetzen. Ist er sogar ganz andere Preise gewöhnt, und der von Ihnen geforderte Preis ist ganz normal?

Warum Sie nicht über Rabatte reden

Die erste Columbo-Strategie® besagt auch, daß Sie bei der Nennung des Preises keine Rabattzahlen verwenden sollten. Auch nicht bei der Nachfrage des Kunden. Wenn Kunden nach Rabatten fragen und Sie darauf mit Rabattzahlen antworten, verankern Sie diese Zahlen ins Gehirn des Kunden.

Der Kunde hat beispielsweise bei Ihnen 12 Prozent Nachlaß bekommen. Einem Freund zeigt er zu Hause sein Schnäppchen und möchte natürlich auch wegen seiner guten Preisverhandlung gut dastehen. Also kann es passieren, daß er sagt:»Ich habe fast 15 Prozent bekommen.« Der Freund kann dieses Produkt auch gebrauchen und hat jetzt die notwendigen Informationen für seine Preisverhandlung bekommen. Dieses »fast« hat sein Gehirn herausgefiltert. Etwas besser als Ihr Kunde will er in seiner Preisverhandlung auch noch sein. Am nächsten Tag steht er bei Ihnen im Geschäft und tritt selbstbewußt auf: »Ich will dieses Produkt bei Ihnen kaufen. Mein Freund hat bei Ihnen 17 Prozent Rabatt bekommen, wenn Sie mir 18 geben, nehme ich das gleich mit. Sie brauchen es nicht einmal einpacken.«

Sie haben selbst an dieser Rabattspirale mitgewirkt, weil Sie dem Kunden Rabattzahlen in den Kopf gemeißelt haben.

Die Angst vor dem Nein?

Auch auf die Gefahr hin, daß Ihnen ein Auftrag einmal nicht erteilt wird, sollten Sie Mut haben, bei besonders unverschämten Nachlaßforderungen »Nein« zu sagen. Bleiben Sie bei Ihrer Schmerzgrenze standhaft. Haben Sie einmal nachgegeben, wird der Kunde beim nächsten Mal weiterbohren und Sie wieder in die Ecke drängen.

Kunden, die nach dem letzten Preis fragen oder wissen wollen, was noch geht, wollen oftmals nur die Bestätigung bekommen, daß Sie das letzte herausgeholt haben. Geben Sie also Ihrem Kunden auch die Sicherheit: Ja, das ist mein letzter Preis!

Kundenargumente und ihre Entgegnungsmöglichkeiten:

• Zu teuer!
Idee für eine Antwort:
– Das von ihnen ausgewählte Produkt ist nicht preiswert, aber seinen Preis wert.

• Wieviel Rabatt bekomme ich?
Idee für eine Antwort:
– Sie bekommen dieses Produkt mit den von Ihnen gewünschten Merkmalen für DM 3500,–. Darin sind Montage und eine Zwei-Jahres-Garantie enthalten.

• Ist das Ihr letzter Preis? Ist das Ihr letztes Angebot?
Idee für eine Antwort:
– Wir haben das Angebot individuell auf Sie zugeschnitten, und ich habe Ihnen den Preis genannt, für den Sie mein Produkt nutzen können.

• Was geht noch am Preis?
Idee für eine Antwort:
– Ich versichere Ihnen, daß am Preis nichts mehr geht.

• Machen Sie mir einen guten Preis.
Idee für eine Antwort:
– Lieber Kunde, wir haben hier Produkte von DM 600,– bis DM

5000,–. Damit ich Ihnen einen fairen Preis machen kann, muß ich Ihnen einige Fragen stellen. Lassen Sie uns einmal zusammenstellen, was Sie alles benötigen.

– Lassen Sie sich das Angebot noch einmal durch den Kopf gehen. Das Angebot wurde sorgfältig nach Ihren Angaben erstellt und gilt speziell für Sie verbindlich einen Monat lang.

Welche Einwände bekommen Sie in Ihrer Praxis zu hören?

_____

_____

_____

_____

_____

Wie werden Sie sie beantworten?

_____

_____

_____

_____

2. Was sind Sie dem Kunden wert?

Welchen Wert hat seine eigene Marke für Columbo? In Geld ist sie nicht zu bewerten. Allerdings hat er den Vorteil, daß sich alle Menschen, die er kennenlernt, wieder an ihn erinnern können. Für andere Menschen und Freunde ist er wertvoll. So wertvoll, daß er von diesen Hilfe und Unterstützung bekommt.

Haben Sie zu Ihren Kunden eine gute Beziehung aufgebaut, vielleicht sogar Ihre eigene Marke installiert, bekommen Sie einen Wert für den Kunden. Die Marke und das Erscheinungsbild Ihrer Firma und Ihrer Produkte bekommen für den Kunden einen Wert, für den er bereit ist zu bezahlen.

Aber genauso durch Ihre Persönlichkeit, Ihre Sicherheit, Ihre Beratung, Ihre Problemlösung, Ihren Zuspruch, Ihr Engagement und Ihr persönliches Auftreten können Sie einen Wert für den Kunden aufbauen, den er zum Teil auch bereit ist zu bezahlen. Nicht umsonst wechseln mit dem Verkäufer auch viele Kunden ihren Zulieferer. Ihre eigene Marke schafft beim Kunden Vertrauen. Sie können dem Kunden bei Entscheidungen, in denen er noch im Zweifel ist, die notwendige Sicherheit geben.

In meiner eigenen Außendiensttätigkeit habe ich manchmal nach dem Motto gehandelt: Darf's etwas weniger sein? Die Kundin wollte mein Angebot eines Produktes gleich öfter bestellen, als ich ihr zugetraut hatte. Ich fragte die Kundin: »Wollen Sie nicht bloß die Hälfte nehmen und beim nächsten Mal, wenn ich komme, die andere Hälfte?« Die Kundin überlegte kurz und ging wohl im Kopf diejenigen Kunden durch, denen sie das Produkt verkaufen konnte. Schließlich bestellte sie trotzdem die bereits angegebene Menge. Beim nächsten Produkt, das ich ihr vorstellte, wollte sie weniger nehmen, als ich es mir vorstellen konnte. Nun, ich hatte mit der vorhergehenden Beratung genügend Vertrauen aufgebaut, und die Kundin bestellte die von mir vorgeschlagene Menge.

Kundenargumente und ihre Entgegnungsmöglichkeiten:

• Ist das Ihr letzter Preis?
Idee für eine Antwort:
– Lieber Kunde, Sie können mir persönlich vertrauen, daß ich für Sie den besten Preis kalkuliert habe.
– Wir sind jetzt am Ende der Fahnenstange, das versichere ich Ihnen.

• Der Wettbewerb ist auch nicht teurer.
Idee für eine Antwort:
– Worauf legen Sie beim Kauf noch wert? Wo finden Sie eine solche Beratung und den Service wie bei mir?
– Was gefällt Ihnen denn an meiner Beratung?

- Das kostet mir zuviel.

Idee für eine Antwort:
- Wie kann ich Ihnen helfen, Ihre Kosten zu optimieren?
- Lieber Kunde, was bedeutet es für Sie, wenn Sie nicht bei mir kaufen?
- Was hat Ihnen an meiner Beratung gefallen? Welche Gründe kann es für Sie geben, woanders zu kaufen?

- Im Internet bekomme ich das viel billiger.

Idee für eine Antwort:
- Was wissen Sie über Sicherheit der Datenübertragung und der Zahlungsmodalitäten in Internet?
- Woher kommen die Produkte aus dem Internet? Wer wird Sie in Zukunft beraten, und wer wird Ihren Service machen? Bedenken Sie bitte, wie gut wir bereits zusammengearbeitet haben.
- Welche persönlichen Ansprechpartner haben Sie bei solchen Firmen?

(Machen Sie die Internetfirmen nicht schlecht. Stellen Sie den Wert Ihrer Beratung und Ihres Services in den Vordergrund.)

- Die anderen haben auch gute Produkte.

Idee für eine Antwort:
- Gut, daß wir darüber sprechen. Was hat Ihnen an meiner Beratung gefallen?
- Geben Sie mir persönlich die Gelegenheit, Ihnen auch in Zukunft zu beweisen, daß ich der richtige Ansprechpartner für Sie bin.

Welche Einwände bekommen Sie in Ihrer Praxis zu hören?

_____

_____

_____

_____

_____

Wie werden Sie sie beantworten?

_____

_____

_____

_____

_____

_____

Noch ein Tip zum Schluß für den Fall, daß der Kunde offensichtlich mit mehreren Firmen verhandelt. Stellen Sie ihm noch eine abschließende Frage:

Können wir heute gemeinsam vereinbaren, daß wir beide das letzte Gespräch führen, bevor Sie kaufen?

3. Auf den Grund gehen – die Meisterschaft der Fragetechnik

Als Meister seines Faches beherrscht Columbo die Kunst des Fragenstellens mit einer außergewöhnlichen Kunstfertigkeit. Er kennt die verschiedenen Fragetechniken und setzt sie erfolgreich ein. Die Aussagen der verhörten Personen überprüft er mit weiteren Fragen. So schafft er sich die Möglichkeit, Licht in das Dunkel des Falles zu bringen.

Auch in Ihrem Preisgespräch müssen Sie viele Einwände der Kunden hinterleuchten und nachfragen, welche Aussage hinter dem Gesagten steckt. Durch eine gute Frage können Sie feststellen, ob hinter dem Einwand des Kunden ein tatsächlicher Einwand oder ein Vorwand steckt. Erst dann können Sie die weitere Vorgehensweise planen.

Auf pauschale Aussagen wie »zu teuer« oder »der Wettbewerb ist günstiger« dürfen Sie als Verkäufer nicht gleich ins Preisgespräch einsteigen und sich noch weiter an die Wand drücken lassen. Durch gute Fragen können Sie vielmehr herausfinden, ob der Kunde tatsächlich die Wahrheit sagt oder ob er nur so tut, als ob er ein besseres Angebot hätte. Nur durch gute Fragen können Sie eine gute Beziehung zum Kunden halten.

Hat der Kunde beispielsweise vorgegeben, ein besseres Angebot vom Wettbewerber zu haben, müssen Sie Ihre Frage so geschickt stellen, daß der Kunde – egal wie seine Antwort ausfällt – immer noch sein Gesicht wahren kann und die Möglichkeit hat, trotzdem bei Ihnen zu kaufen. Es gibt in diesen Fällen Verkäufer, die dem Kunden sagen:»Bitte geben Sie mir das Angebot schwarz auf weiß. Nur dann kann ich etwas für Sie machen.« Hat der Kunde kein Angebot, wird er, damit er sein Gesicht nicht verliert, einen Vorwand finden, und Sie werden ihn nie mehr sehen.

Ihre Aufgabe ist es, dem Kunden ein besseres Gefühl zu geben als Ihre Verkäuferkollegen vorher. Sie könnten also die Frage stellen, von welchem Wettbewerber er ein Angebot vorliegen hat oder wo er sich schon informiert hat. Jetzt kann der Kunde immer noch sagen, daß er Ihnen dazu keine Auskunft geben möchte, oder er verrät, wo er einen besseren Preis bekommen könnte.

Hat er kein Angebot dabei, weisen Sie ihn freundlich darauf hin, daß Sie ihn gerne beraten hätten, aber dazu eben ein Angebot bräuchten. Es ist wichtig, die einzelnen Positionen vergleichen zu können, um zu überprüfen, ob nicht etwas vergessen wurde.

Jetzt machen Sie Ihrem Kunden ein faires Angebot und erfüllen mit diesem Angebot die Wünsche des Kunden. Verabschieden Sie den Kunden freundlich und lassen Sie ihm gedanklich alle Türen offen, wieder zu Ihnen zurückzukommen, wenn er woanders schlechter beraten wurde und keinen besseren Preis bekommen hat.

Hat der Kunde ein Angebot, dann fragen Sie nach Details und versuchen im Interesse des Kunden die Angebote fair zu vergleichen. In vielen Angeboten der lieben Wettbewerber finden Verkäufer immer wieder Positionen, die in der Kalkulation vergessen wurden. Finden Sie solche Schwachstellen heraus, sind Sie der Verkäufer, der im Interesse des Kunden beraten und der nun das Vertrauen des Kunden hat.

Stellen Sie durch gute Fragen auch Ihren Service in den Vordergrund. Beweisen Sie dem Kunden, daß er bei Ihnen etwas anders beraten wird als beim Wettbewerber.

Vielen Verkäufern gelingt es durch diese Vorgehensweise, dem Kunden einen Grund dafür zu geben, daß er bereitwillig etwas mehr Geld ausgeben wird, als er sich vorher eingestanden hätte.

Kundenargumente und ihre Entgegnungsmöglichkeiten:

• Der Wettbewerb ist billiger.
Idee für eine Antwort:
– Bei welcher Firma haben Sie sich denn schon informiert?
– Von wem haben Sie denn schon ein Angebot?
– Welches Produkt haben Sie sich genau kalkulieren lassen?

• Bei xy bekomme ich 20 Prozent Rabatt.
Idee für eine Antwort:
– Warum meinen Sie, daß diese Firma so hohe Nachlässe geben muß?

• Das ist mir zu teuer.
Idee für eine Antwort:
– Womit vergleichen Sie mein Angebot?
– Darf ich Sie fragen: Im Verhältnis wozu ist Ihnen das zu teuer?

• Das muß ich mir noch einmal überlegen.
Idee für eine Antwort:
– Was möchten Sie sich noch einmal überlegen?
– Welche Fragen kann ich Ihnen noch beantworten, damit Sie sich gleich entscheiden können?
– Wo habe ich Sie nicht ausreichend beraten? Was müssen Sie denn noch für Ihre Entscheidung wissen?

- Ist das Ihr letzter Preis?

Idee für eine Antwort:
- Was außer dem Preis ist Ihnen noch wichtig, wenn· Sie mein Produkt kaufen?
- Worauf legen Sie wert, wenn Sie sich mein Produkt kaufen?
- Was außer dem Produkt ist Ihnen bei dieser Investition wichtig?

- Ich zahle bar.

Idee für eine Antwort:
- Welche Vorteile einer Finanzierung sind Ihnen bekannt?

- Im Internet bekomme ich das Produkt viel billiger.

Idee für eine Antwort:
- Welchen Wert legen Sie auf Sicherheit beim Datenverkehr und bei der Zahlung im Internet?
- Wie können Sie im Internet sicher gehen, daß es sich um genau das gleiche Produkt handelt?
- Wer wird Sie nach dem Kauf betreuen und den Service gewährleisten?

Welche Einwände bekommen Sie in Ihrer Praxis zu hören?

_____

_____

_____

_____

_____

Wie werden Sie sie beantworten?

_____

_____

_____

_____

_____

4. Wie Du mir, so ich Dir

Das sorgfältig organisierte Netzwerk Columbos funktioniert wie alle Netzwerke: Man muß sie aufbauen und erhalten. Eine weitere Grundlage ist außerdem das Prinzip des Gebens und Nehmens. Beide Partner in einem Netzwerk sollen einen Gewinn davon haben.

Wie können wir dieses Prinzip im Verkauf anwenden? Ganz einfach: Wenn Sie als Verkäufer für den Kunden etwas tun oder ihm entgegenkommen, dann können Sie guten Gewissens erwarten, daß der Kunde auch für Sie etwas tut. Schließlich wollen wir alle, daß aus einem Verkaufsgespräch beide Seiten als Sieger hervorgehen.

Besonders gilt dies für das Preisgespräch: Wenn Sie dem Kunden im Preisgespräch einen Vorteil verschaffen, dann soll der Kunde im Gegenzug auch zu einem Eingeständnis bereit sein.

Wenn der Kunde also ausnahmsweise einen Nachlaß erhält, dann könnte er beispielsweise noch heute den Auftrag erteilen oder eine Anzahlung leisten.

Diese Art des Umgehens mit Nachlaßforderungen hat einen weiteren Vorteil: Der Kunde kann entscheiden und hat das letzte Wort. Der Kunde hat in allen Situationen gerne die Entscheidungsfreiheit.

Kundenargumente und ihre Entgegnungsmöglichkeiten

• Ich bringe Ihnen noch andere Kunden.
Idee für eine Antwort:
– Das freut mich sehr. Wir sind gerne bereit, Ihnen einen Bonus oder eine Gutschrift für die Aufträge Ihrer Bekannten zu geben, wenn deren Bestellungen vorliegen und man sich auf Sie berufen hat.

• Wir sind schon seit Jahren Stammkunden.
Idee für eine Antwort:
– Vielen Dank, wir werden uns weiterhin anstrengen, Sie als gute Kunden zu behalten. Wenn Sie dieses Produkt jetzt bei mir bestel-

len, kann ich Ihnen neben unserem guten Preis auch Lieferung und Montage kostenlos anbieten.

• Was können Sie am Preis noch machen?
Idee für eine Antwort:
– Wenn Sie sich jetzt für den Kauf entscheiden, dann kann ich Ihnen 60 Tage Zahlungsziel und 3 Prozent Skonto auf die Anzahlung bieten.

• Wir werden in den nächsten Jahren viele Aufträge an Sie vergeben, wenn der Preis jetzt paßt.
Idee für eine Antwort:
– Ich möchte Ihnen vorschlagen, daß wir den vereinbarten Nachlaß von DM 3000,- auf den Gesamtumfang dann verrechnen, wenn die weiteren Aufträge erteilt sind.

• Ich brauche das jetzt nicht.
Idee für eine Antwort:
– Lieber Kunde, Sie haben sich für ein sehr begehrtes Produkt entschieden. Wenn Sie sich jetzt für den Kauf entscheiden können, dann werden Sie bei der Auslieferung bevorzugt und Sie erhalten das Produkt zu Ihrem Wunschtermin. Darf ich es jetzt für Sie reservieren?

Welche Einwände bekommen Sie in Ihrer Praxis zu hören?

_____

_____

_____

_____

Wie werden Sie sie beantworten?

_____

_____

_____

_____

5. Das Kompetenzspiel – Teamwork mit dem Chef

Auch für eine weitere Variante des Preisgesprächs kann uns Columbo als Beispiel dienen: Sein ausgeprägter Sinn für Teamarbeit hilft ihm in vielen Situationen, in denen er allein nicht weiterkommen würde. Seine Kollegen und Chefs helfen ihm bei der Lösung des Falles. Sein perfektes Kommunikationsmanagement hat es ihm möglich gemacht, die Mitglieder des Teams in eine eingespielte Mannschaft zu verwandeln.

Der Vergleich mit einer Sportmannschaft ist naheliegend: Um gemeinsam zu gewinnen, müssen Vorgehensweisen und Taktiken abgesprochen und eingeübt werden.

Im Preisgespräch hilft Ihnen diese Vorgehensweise, wenn Sie und Ihr Chef oder Vorgesetzter gemeinsam gefragt sind. Allerdings müssen Sie die Vorgehensweise mit Ihrem Chef genau absprechen und im Idealfall einüben.

Das Kompetenzspiel können Sie immer dann anwenden, wenn der Kunde den Chef mit ins Spiel bringen will. Damit will er Ihnen die Kompetenz nehmen in der Hoffnung, an höherer Stelle einen höheren Nachlaß zu bekommen. Also vermitteln Sie ihm Ihre volle Kompetenz – auch in Preisfragen.

Müssen Sie Ihren Chef einmal doch holen, so liefern Sie ihm die notwendigen Informationen:
• Welcher Kunde ist es.
• Um welches Produkt geht es.
• Wie ist der Verhandlungsstand.
• Ist der Kunde abschlußbereit, oder braucht er noch ein kleines Entgegenkommen.
• Wie ist Ihr Vorschlag der Vorgehensweise.

Ihr Chef sollte den Kunden freundlich begrüßen und ihn in seinem Entschluß bestärken, eine gute Entscheidung getroffen zu haben. Auf die Frage, was er denn für den Kunden tun könne, wird die Forderung nach einem Nachlaß erfahrungsgemäß etwas schwächer ausfallen als Ihnen gegenüber.

Steht Ihr Chef voll hinter Ihnen, kann er den Kunden in der Entscheidung bestärken und sich dann wieder verabschieden. Haben Chefs zuviel Zeit, kommt schnell der Eindruck auf, sie würden woanders nicht gebraucht.

Den Rest des Geschäfts wickeln Sie voll verantwortlich ab. Die Kompentenz auch in Preisgesprächen ist bei Ihnen geblieben und wird für die nächsten Gespräche auch bleiben.

Kundenargumente und ihre Entgegnungsmöglichkeiten:

• Holen Sie mir mal den Chef.
Idee für eine Antwort:
– Für Sie bin ich persönlich Ihr Ansprechpartner in allen Fragen, auch in der Preisgestaltung.
– Ich versichere Ihnen, ich habe die volle Kompentenz, wenn es um Ihre Investition geht.
– Ich bin der Chef. Was kann ich für Sie tun?

• Ich bin ein Freund von Ihrem Chef.
Idee für eine Antwort:
– Das freut mich. Mein Chef hat viele Freunde, aber ein Großteil seiner Freunde sind meine besten Kunden.
– Für die Freunde meines Chefs kann ich Ihnen einen besonders guten Preis machen. (Sie machen ein mit dem Chef abgestimmtes Standardangebot.)
– Darf ich meinen Chef von Ihnen grüßen?
– Wenn die Stimmung paßt: Mein Chef hat keine Freunde!

• Das nächste Mal bringen Sie bitte Ihren Chef mit, damit wir dann über den Preis reden können.
Idee für eine Antwort:
– Vielen Dank, daß Sie dieses Thema ansprechen. Mit unserer Ge-

schäftsleitung haben wir abgesprochen, daß wir – auch im Interesse unserer Kunden – ein transparentes Preisgefüge haben. Das von mir unterbreitete Angebot hat die volle Rückendeckung der Geschäftsleitung. Was kann ich jetzt noch tun, um Ihnen bei der Entscheidung zu helfen?

• Können Sie mir auf dieses Produkt 20 Prozent geben? Wenn nicht, dann holen Sie mir gleich den Vorgesetzten.
Idee für eine Antwort:
– Sie sind bei mir genau richtig. Als Ihr Berater bin ich auch in Sachen des Preises Ihr Ansprechpartner.

• Ich möchte trotzdem den Chef sprechen.
Idee für eine Antwort:
– Gerne werde ich den Chef holen. Wenn er allerdings den Preis sieht, den ich Ihnen angeboten habe, wird er Sie für Ihren Verhandlungserfolg loben.

Welche Einwände bekommen Sie in Ihrer Praxis zu hören?

_____

_____

_____

_____

_____

_____

Wie werden Sie sie beantworten?

_____

_____

_____

_____

_____

6. Der Beifall ist das Brot des Schauspielers

Oft fragt Columbo eine Person nach ihrem Beruf. Er findet dann lobende und bewundernde Worte für diesen Beruf und fügt an, daß er ebenfalls diesen Beruf gerne gewählt hätte, wenn er dafür nicht zu dicke Finger oder ein anderer Grund ihn daran gehindert hätte. Die Menschen fühlen sich durch solche Äußerungen geschmeichelt oder für wichtig genommen.

Ein Sprichwort sagt, daß der Beifall das Brot des Schauspielers sei. Wenn Sie Menschen mögen und sich für sie interessieren, wird es Ihnen leicht fallen, den anderen zu loben. Versuchen Sie, Ihren Kunden für seinen guten Geschmack zu loben, ihm zu einer guten Entscheidung zu gratulieren oder für seine gute Verhandlungskunst zu beglückwünschen.

Auf jeden Fall werden Sie durch eine verbesserte Beziehungsebene zu einer stärkeren Kundenbindung finden. Dadurch verringern Sie die Wahrscheinlichkeit, daß die Nachlaßforderung allzu hoch oder allzu scharf ausfällt.

Kundenargumente und ihre Entgegnungsmöglichkeiten:

* Das ist mir zu teuer.
Idee für eine Antwort:
– Lieber Kunde, zuerst muß ich Sie zu Ihrem guten Geschmack beglückwünschen. Da haben Sie sich wirklich ein besonderes Stück ausgesucht.
– Ich darf Ihnen zu dieser Entscheidung gratulieren. Sie haben die richtige Wahl getroffen. Ich versichere Ihnen, Sie werden damit viel Freude haben.
– Dieses Produkt ist nicht preiswert, aber seinen Preis wert.

* Ist das Ihr letzter Preis?
Idee für eine Antwort:
– Lieber Kunde, ich muß Ihnen gratulieren, Sie haben jetzt wirklich

den besten Preis herausgehandelt. Ich versichere Ihnen, wir sind jetzt am Ende dessen angelangt, was man noch als wirtschaftlich ansehen kann.

Ein entschiedenes Ja hat in der Praxis oft eine Antwort des Kunden zur Folge:»Na ja, ist schon recht. Ich wollte nur noch mal fragen.« Mit anderen Worten sagt der Kunde auch hier wieder: Ich wollte nur noch einmal die Sicherheit bekommen, daß dieser Preis auch wirklich der letzte ist.

- Der Wettbewerb gibt mehr Rabatt.
Idee für eine Antwort:
- Daß Sie sich bei einer solchen Entscheidung gut informieren, zeigt mir, wie wichtig Ihnen dieser Kauf ist. Welche Vorteile kennen Sie denn, wenn Sie sich für mein Angebot entscheiden?
- Vielen Dank, daß Sie mir die Gelegenheit geben, Ihnen meine Dienste vorzustellen. Was hat Sie denn veranlaßt, hierher zu kommen? Welche Gründe sprechen für unser Haus?
- Lieber Kunde, mit einem so hohen Nachlaß kann ich nicht mithalten. Haben Sie sich schon einmal Gedanken darüber gemacht, wer den Service und die Garantieleistungen übernehmen wird, wenn es den Wettbewerber nicht mehr gibt, weil er zu hohe Nachlässe gegeben hat?

- Ich bin Stammkunde bei Ihnen.
Idee für eine Antwort:
- Vielen Dank für Ihre Treue. Was ist Ihnen denn bisher so wichtig gewesen, daß Sie wieder zu uns kommen?
- Da haben Sie in uns auch den besten Partner gefunden. Lassen Sie uns gemeinsam überlegen, wie wir heute zusammenkommen können.

- Das muß ich mir noch einmal überlegen.
Idee für eine Antwort:
- Lieber Kunde, ich kann gut verstehen, daß Sie sich bei einer so

weitreichenden Entscheidung die Zeit nehmen möchten, die richtige Wahl zu treffen. Welche Fragen kann ich Ihnen jetzt noch beantworten, damit Sie sich leichter entscheiden können?
– Lieber Kunde, eine Investition in diesem Ausmaß will gut überlegt sein. Wie kann ich Ihnen bei Ihrer Entscheidung helfen? Wie wollen wir verbleiben? Wann haben Sie wieder Zeit? Können wir gleich einen Termin vereinbaren?

Welche Einwände bekommen Sie in Ihrer Praxis zu hören?

_____

_____

_____

_____

_____

_____

Wie werden Sie sie beantworten?

_____

_____

_____

_____

_____

7. Über die Umleitung zum Ziel kommen

Bei der Lösung seiner Fälle geht Columbo manchmal seine eigenen Wege. Er ist offen für Neues und andere Arten der Ermittlung. Der Täter stellt sich ihm bei seinen Ermittlungen oft in den Weg. Wie im Straßenverkehr, wenn man an ein Umleitungsschild kommt, muß er einen anderen Weg wählen, um sein Ziel zu erreichen. Die Strategie muß geändert und angepaßt werden.

Das Fahren von neuen Straßen im Verkehr kann zusätzlich den Vorteil haben, daß man neue Einblicke gewinnt und zusätzliche Informationen aufnehmen kann. Diese helfen dann bei der Lösung. Der Weg über die Umleitung kann in manchen Fällen sogar eine Bereicherung sein.

Ihre Kunden haben die Eigenart, immer wieder nach dem Preis zu fragen. Sie steuern immer direkt auf den Preis zu. Oft kommt die Frage nach dem Preis schon ganz am Anfang des Verkaufsgesprächs. Das kann nicht Ihr Interesse sein. So früh über den Preis zu reden hat den Nachteil, daß Sie noch keine Werterhöhung im Kopf des Kunden einleiten konnten. Ihr Ziel als Verkäufer soll es sein, den Preis erst zu nennen, wenn Sie dem Kunden alle Vorteile und Nutzen vermittelt haben.

Damit Sie vom reinen Preisgespräch wegkommen, können Sie die Umleitungstaktik nutzen. Wenn Sie beispielsweise fragen, was dem Kunden außer dem Preis noch wichtig für seine Entscheidung ist, bekommen Sie vom Kunden Argumente, die Sie später wieder bei der Preisnennung verwenden können. Sie reden dann mit dem Kunden über Produktnutzen und Service und nicht mehr vordergründig über den Preis.

Verkäufer, die mit dem Kunden immer nur über Preise und Nachlässe reden, lassen sich vom Kunden in einen Ecke drängen und kommen dort erst wieder heraus, wenn sie auf die unverschämten Forderungen des Kunden eingegangen sind.

Kundenargumente und ihre Entgegnungsmöglichkeiten:

- Machen Sie mir einen guten Preis.
Idee für eine Antwort:
- Worauf legen Sie beim Kauf des Produktes wert?
- Was außer dem Preis ist Ihnen bei dieser Investition noch wichtig?
- Das ist ein Spitzenpreis!

- Ist das Ihr letzter Preis?
Idee für eine Antwort:
  - Was gefällt Ihnen bei meinem Angebot?
  - Welcher Service ist für Sie wichtig?
  - Was kann ich tun, damit Sie sich jetzt entscheiden können?
  - Ja, das ist mein letzter Preis.

- Wieviel Rabatt bekomme ich bei Ihnen?
Idee für eine Antwort:
  - Bevor wir über Nachlässe reden, lassen Sie uns noch einmal zusammenstellen, ob mein Angebot alle Ihre Anforderungen erfüllt. Was war Ihnen wichtig?

- Wenn ich 20 Prozent Rabatt bekomme, nehme ich das sofort mit.
Idee für eine Antwort:
  - Was ist Ihnen bei diesem Produkt wichtig?
  - Wenn Sie nicht soviel investieren möchten, dann lassen Sie uns einmal sehen, worauf Sie verzichten möchten, damit ich Ihnen ein Angebot für einen niedrigeren Etat anbieten kann.

Welche Einwände bekommen Sie in Ihrer Praxis zu hören?

_____

_____

_____

_____

_____

Wie werden Sie sie beantworten?

_____

_____

_____

_____

8. Gib mir Zeit für einen neuen Weg

Was macht Columbo, wenn sich ein Fall verfahren hat? Er muß Zeit zum Nachdenken gewinnen. Auch kann er andere in seinem Netzwerk um Rat fragen. Durch Nachdenken oder einen guten Rat kann er einen anderen Beobachtungspunkt einnehmen. Diese Art der neuen Betrachtung kann ihm wieder neue Perspektiven und Orientierung geben und ihn so der Lösung näher bringen.

Auch im Verkaufsgespräch gibt es Situationen, in denen Sie sich wie in einer fremden Stadt verfahren haben. Die Wege, die Sie beschritten haben, führen nicht mehr zum Ziel. Sie müssen sich neu orientieren. So wie Sie in einer fremden Stadt Zeit und Raum finden müssen, um sich neu zu orientieren, müssen Sie auch im Verkaufsgespräch in einer verfahrenen Situation erst einmal Distanz gewinnen. Sie brauchen Zeit und vielleicht auch einen ungestörten Ort, wo Sie Abstand gewinnen können, um neue Lösungen zu finden oder nach weiteren wichtigen Argumenten zu suchen.

Vielleicht möchten Sie auch mit Ihrem Unternehmen Rücksprache halten oder weitere Informationen bekommen. Der Wechsel des Standpunktes oder des Blickwinkels kann uns ungeahnte neue Möglichkeiten bescheren. Es hilft tatsächlich auch, einen anderen Ort aufzusuchen.

Sie können sich entweder für einen Augenblick auf die Toilette zurückziehen oder einen Rückruf ankündigen oder im besten Fall zurückrufen lassen. Einen Vorwand für eine Informationsabfrage werden Sie schon finden.

Kundenargumente und ihre Entgegnungsmöglichkeiten:

• Ich habe kein Interesse.

Idee für eine Antwort:

– Wenn wir schon zusammen gekommen sind, möchte ich Sie fragen, an was Sie interessiert sind?

– Geben Sie mir noch etwas Zeit, damit wir gemeinsam überlegen können, was ich heute trotzdem für Sie tun kann.

- Das brauche ich doch nicht.

Idee für eine Antwort:

- Entschuldigen Sie, bevor wir weiterreden: Darf ich mir einmal die Hände waschen?

- Ich will mich jetzt noch nicht entscheiden.

Idee für eine Antwort:

- Lieber Kunde, da habe ich jetzt eine Idee für Sie: Wir machen den Kaufvertrag jetzt perfekt und neben der Unterschrift vermerken wir, daß der Vertrag erst gültig wird nach einer telefonischen Absprache am nächsten Montag. Wenn Sie mein Angebot dann doch wahrnehmen möchten, dann sparen Sie sich die Zeit, sich noch einmal mit mir zu treffen.

- Für mich zählt nur, was unter dem Strich steht.

Idee für eine Antwort:

- Lieber Kunde, würden Sie mich bitte für einen Augenblick entschuldigen, damit ich mit meiner Firma Rücksprache halten kann, was ich heute noch für Sie tun kann?

- Wenn Sie jetzt noch 10 Prozent mit dem Preis heruntergehen, dann nehme ich es.

Idee für eine Antwort:

- Lieber Kunde, da muß ich noch eine Information für Sie einholen. Darf ich einmal telefonieren? Wenn wir Ihre Bedingung für die Intervalle der Lieferung einhalten, wie sehen Sie dann die Chance für den Auftrag?

Welche Einwände bekommen Sie in Ihrer Praxis zu hören?

_____

_____

_____

_____

Wie werden Sie sie beantworten?

_____

_____

_____

_____

_____

_____

9. Hat er noch alle Tassen im Schrank?

Welches Bild haben Menschen als erstes von Columbo im Kopf? Neben seinem eigenwilligen Äußeren ist es eine Szene, die jedesmal wiederkehrt: Er ist gerade dabei zu gehen, da fällt ihm anscheinend noch eine beiläufige Frage ein. Oft ist es die wichtigste Frage des gesamten Gesprächs: Just one more thing. Oder: Ach ja, was ich Sie noch fragen wollte. Oder: Eine Frage habe ich noch, reine Routine.

Columbo wird von seinen Gesprächspartnern meist unterschätzt. So ein kauziger Typ kann doch nicht alle Tassen im Schrank haben. Diese Einschätzung nutzt Columbo aus und kann so seinen Gesprächspartner mit einer Frage überrumpeln, wenn dieser sich schon sicher glaubt. In diesen Situationen ist Columbo ein Meister des Bluffs.

Auch als Verkäufer können Sie die Kunst des Bluffs bestens einsetzen, besonders wenn sich das Gespräch bisher noch nicht in die von Ihnen gewünschte Richtung entwickelt hat. Vorteilhaft ist es für Sie, wenn Sie so tun, als ob das Gespräch fast schon beendet wäre, Sie aber noch einen Trumpf im Ärmel haben, den Sie jetzt wirkungsvoll ausspielen können.

Ob Ihr Kunde nun gerade gehen will oder Sie dabei sind, den Raum zu verlassen, Sie können die Situation dramaturgisch gestalten: »Oh, da ist mir gerade noch etwas eingefallen, was wir beide in unserem Gespräch noch nicht berücksichtigt haben. Geben Sie mir noch zwei Minuten Zeit?«

Kundenargumente und ihre Entgegnungsmöglichkeiten:

* Ihr Angebot muß ich mir noch einmal überlegen.

Idee für eine Antwort:

– Ja, für so eine Entscheidung darf man schon auch noch einmal überlegen. Lieber Kunde, habe ich Sie schon darauf hingewiesen, daß wir von diesem Produkt nur noch einige wenige verfügbar haben? Wenn Sie sich also schon überwiegend sicher sind, dann werde ich es gerne für Sie reservieren.

* Wenn Sie mir noch 10 Prozent auf Ihre Kalkulation geben, dann bestellen wir.

Idee für eine Antwort:

– Lieber Kunde, ich versichere Ihnen, daß ich Ihnen für diesen Auftrag bereits den besten Preis gemacht habe, den ich vertreten kann. Aber erwähnten Sie nicht vorhin einen weiteren großen Auftrag in etwa sechs Monaten? Wenn wir Ihr Auftragsvolumen gleich in einen Rahmenvertrag nehmen können und sich die Abnahmemengen dadurch erhöhen, kann ich aufgrund der Menge noch einmal neu kalkulieren. Ist das interessant für Sie?

* Was geht da noch am Preis?

Idee für eine Antwort:

– Lieber Kunde, wir haben das Angebot genau nach Ihren Wünschen zusammengestellt. Das ist doch genau das, was Sie sich wünschen. Wir haben Ihnen einen fairen Preis gemacht. Bitte entscheiden Sie selbst.

– Ach, einen Moment noch bevor Sie gehen. Da wäre noch eine Sache, die mir gerade eingefallen ist. Sagten Sie nicht, daß Sie keinen großen Wert auf die Farbe und die Garantie legen? Mir ist gerade ein Produkt eingefallen, das wir noch auf Lager haben und das Ihren Wünschen entspricht. Wollen wir es einmal gemeinsam ansehen?

- Lassen Sie sich Ihr Angebot noch einmal durch den Kopf gehen.
Idee für eine Antwort:
  - Lieber Kunde, gerade bei Ihnen habe ich mir viele Gedanken über dieses Angebot gemacht. Oder meinen Sie, daß wir etwas vergessen haben?
  - Da fällt mir gerade ein, daß Sie in etwa zwei Monaten große Zahlungseingänge aus Aufträgen zu erwarten haben. Wenn wir Ihnen bei den Zahlungskonditionen entgegenkommen, können Sie sich dann entscheiden, jetzt den Auftrag zu machen?

Welche Einwände bekommen Sie in Ihrer Praxis zu hören?

_____

_____

_____

_____

_____

_____

Wie werden Sie sie beantworten?

_____

_____

_____

_____

_____

10. Was der Kunde nicht weiß, macht ihn nicht heiß

Columbo schafft es durch seine unvergeßlichen Auftritte, daß alle Menschen ihn wegen seiner Eigenarten kennen. Die Begegnungen mit ihm waren Erlebnisse, die im Kopf seiner »Kunden« haften bleiben.

Nun, als Verkäufer sollen Sie bestimmt nicht genau die Auftretens-weise unseres Freundes Columbo haben. Sie können aber überlegen, welche besonderen Punkte Sie Ihren Kunden vermitteln können.

Zu diesen Merkmalen, warum ein Kunde gerade zu Ihnen kommen soll, gehört auch der sogenannte Service. Wenn ich Verkäufer frage, was Sie denn außer ihrem Produkt verkaufen könnten, dann höre ich meistens: Ja, wir verkaufen unseren guten Service.

Doch die wenigsten Verkäufer haben sich einmal Gedanken dar-über gemacht, aus wie vielen einzelnen Leistungen sich ihr Service überhaupt zusammensetzt.

Viele Verkäufer sehen die Serviceleistungen, die sie und ihr Unter-nehmen erbringen, als etwas Selbstverständliches an. Doch für den Kunden und seinen Blickwinkel ist das oft nicht so. Natürlich erwar-ten Ihre Kunden einige dieser Servicepunkte. Als guter Verkäufer ha-ben Sie in Ihrer Wunschermittlung bei jedem Kunden die speziellen Servicepunkte herausgefunden, die genau diesen Kunden auch inter-essieren.

Ihre Aufgabe ist es, herauszufinden, wieviel diese speziellen Punkte dem Kunden an Geld wert sind.

Wenn Sie einen besonderen Service anbieten, der Ihr Unternehmen auch Geld kostet, dann können Sie dem Kunden genau diesen geld-werten Vorteil verkaufen. Eine solche zusätzliche Leistung ist dann nicht mehr selbstverständlich oder natürlich, sondern wird besonders hervorgehoben und nur für diesen Kunden angeboten.

Serviceorientierte Unternehmen zeigen, daß ihr Erfolg unter ande-rem damit zusammenhängt, den Service mit dem richtigen Wert zu verkaufen. Immer mehr Anbieter wollen in der Servicewüste Deutsch-land einen Kontrapunkt setzen und neue Standards definieren.

Wie verkauft ein Autohändler seinen Service?

Eine wahre Fundgrube an guten Ideen ist der Internetauftritt des Auto-hauses Langer. Unter www.bmwschwaben.de können Sie unter ande-rem lesen:

Wir möchten Ihnen gerne ein paar gute Gründe mehr geben, Ihr neues Automobil nicht irgendwo zu kaufen.

Denn wir meinen ...
* ... daß nach dem Kauf erst alles anfängt. Wie teuer war Ihr Auto? Und die Werkstattqualität? Servicekosten? Anfahrtswege und Leihwagen während der Reparatur?
* ... daß Sie viel Geld sparen können. Wenn Sie auf Vorteile achten, von denen Sie nach dem Kauf profitieren. Schließlich ist es Ihr Geld. Und Ihr Automobil.
* ... daß Sie ab sofort vergleichen sollten. Denn wir haben Ihnen einiges zu bieten. Garantiert mehr Vorteile. Unser Symbol: Die Langer-Card.
* ... daß viele vorher nicht gerne darüber reden. Denn so mancher Verkäufer möchte vermeiden, nachher danach beurteilt zu werden. Denn Service ist nicht gleich Service.

Mieten Sie den neuen BMW Z3 direkt bei Langer zur Hälfte des normalerweise gültigen Sonderangebotes.

Auf Wunsch können Sie alle Rechnungen – inklusive Kraftstoff, ausgenommen Automobile – bargeldlos bezahlen. Wir buchen am Monatsende völlig gebührenfrei von Ihrem Bankkonto ab. Mit einer genauen Übersicht. Damit gewähren wir Ihnen automatisch ein Zahlungsziel von durchschnittlich 15 Tagen.

Während Sie Ihr Fahrzeug bei uns reparieren lassen, erhalten Sie kostenlos ein Überbrückungsfahrzeug für maximal 300 Kilometer pro Tag.

Nach Absprache holen wir Ihr Fahrzeug zum Kundendienst ab, bringen einen Leihwagen zu Ihnen und tauschen die Fahrzeuge nach Reparaturende. Völlig kostenlos im Umkreis von 50 Kilometern um Wertingen. Bei kleineren Reparaturen oder Notfällen reparieren wir Ihr Fahrzeug auch vor Ort bei Ihnen innerhalb eines Umkreises von 30 Kilometern um Wertingen. Sie bezahlen ausschließlich die reinen Reparaturkosten.

Unser DEA-Service-Center nimmt Ihre Aufträge jeden Tag von 7.00–21.00 Uhr entgegen.

Für Geschäftskunden, die während der Reparaturzeit Ihres Fahrzeugs aktiv sein wollen, bieten wir auf Wunsch kostenlos einen Büroraum mit Telefon, Telefax und Internetanschluß.

Hier können Sie – direkt am Bildschirm – Ihren Reparaturtermin in einer unserer Wertinger KFZ-Werkstätten buchen.

Hat diese Aufzählung außerordentlich kundenbindender Servicepunkte einige neue Ideen in Ihnen geweckt?

Welche unglaubliche Vielfalt an Serviceangebot Autohäuser in Deutschland noch haben können, möchte ich Ihnen mit folgender Liste zeigen:

* Abschleppdienst
* Aktionsangebote
* Altölentsorgung
* Anhängerverleih
* Autovermietung
* Bauteileanschlußgarantie
* Beratung
* Bistro
* Blumenstrauß
* Bremsentest
* Direktannahme
* Drei-Schichten-Dienst
* EC-Kartenzahlung
* Eigenes Testgelände
* Entsorgung
* Erfrischungen
* Ersatzwagen
* Events
* Fahrräder
* Fahrschule

- Fahrzeugauslieferung
- Familiäre Atmosphäre
- Finanzierung
- Fotos der Fahrzeugauslieferung
- Freundlichkeit
- Garantieverlängerung
- Gebrauchtwagenaufbereitung
- Gebrauchtwagenbewertung
- Gebrauchtwagengarantie
- Geburtagsüberraschung
- Geburtstagsanruf
- Geländefahrten
- Geschultes Personal
- Gewinnspiele
- Glasreparatur
- Glückwunschkarten
- Großzügigkeit
- Gutachten
- Gutscheine
- Hol- und Bringservice
- Hotel für Kunden
- Hundenapf
- Hundeuunterbringung während Urlaub
- Innenreinigung
- Inspektion
- Internetangebot
- Jahreswagen
- Kaffee
- Karrosseriereparatur
- Kinderbetreuung
- Kinderhort
- Kinderspielecke
- Klimaanlagenservice
- Komplettpreisangebot

- Kreditkartenzahlung
- Kundeninformation
- Kundenkontaktprogramm
- Kundentoiletten
- Kundenveranstaltungen
- Lackiererei
- Leasing
- Leihroller
- Mailings
- Modenschau
- Nachtannahme
- Off-Road-Urlaub
- Pannenkurs
- Parkplatz
- Präsentationen
- Probefahrten
- Produktkenntnis
- Recycling
- Reifeneinlagerung
- Reifenwechsel
- Reparaturfinanzierung
- Roadshows
- Rückkaufgarantie
- Samstagsdienst
- Scheckheft
- Schnellservice
- Seelentröster
- Sekt
- Servicemobil
- Sicherheitstraining
- Sitzecke
- Skiboxverleih
- Sommercheck
- Soziale Betreuung

- Spielzeug für Kinder
- Streichelzoo
- Süßigkeiten
- Tankstelle
- Taxidienst
- Team
- Terminerinnerungen
- Transfer Bahnhof
- Transfer Flughafen
- TÜV/ASU
- Unfallabwicklung
- Unfallinstandsetzung
- Urlaubs-Parkservice
- Verkäuferpersönlichkeit
- Verkehrsanbindung
- Vermittlungsbonus
- Vermittlungsprovision
- Versicherungen
- Vertrauen
- VIP-Karte
- Vor-Ort-Service
- Warenpräsentation
- Waschen
- Werbegeschenke
- Werkstattbesichtigung
- Werkstattersatzwagen
- Werkzeugverleih
- Windschutzscheibenreparatur
- Wintercheck
- Zubehör
- Zulassungsdienst
- 24-Stunden-Notdienst
- 24-Sunden-Ersatzteilservice

Diese lange Liste soll Ihnen zeigen, was alles möglich sein kann. Nicht jeder Händler ist so kundenorientiert oder kann alle diese Punkte anbieten. Das muß auch nicht sein. Aber jeder hat die Chance, seine eigenen Serviceleistungen so zu definieren, daß er sich von anderen abhebt und nicht mehr austauschbar ist.

Nutzen auch Sie die Chance, Ihren Wert für den Kunden zu erhöhen!

Welchen besonderen Service bieten Sie Ihren Kunden?

_____

_____

_____

_____

_____

_____

Versuchen Sie, in Ihren Verkaufsgesprächen dem Kunden Ihre eigenen Besonderheiten zu vermitteln und deren Wert deutlich zu machen.

Kundenargumente und ihre Entgegnungsmöglichkeiten:

• Wieviel Rabatt bekomme ich bei Ihnen?
Idee für eine Antwort:
– Lieber Kunde, wenn Sie sich dieses Produkt kaufen wollen, worauf legen Sie noch Wert?

• Ist das Ihr letzter Preis?
Idee für eine Antwort:
– Sie sagten gerade, daß Ihnen auch unser Service sehr wichtig ist. Welcher Service ist für Sie besonders wichtig?
– Sehen Sie, die zweijährige Garantie, die kostenlose Hotline und eine eintägige Einweisung im Wert von DM 800,- sind in unserem Angebot enthalten.

• Im Internet bekomme ich das viel billiger!
Idee für eine Antwort:
– Welchen Wert legen Sie auf Service?
– Wer kümmert sich um Ihre Probleme, wenn es nach dem Kauf Schwierigkeiten gibt?
– Was hat Sie zu uns geführt, wenn Sie es von den Anschaffungskosten her woanders günstiger bekommen?
– Welche Kosten kommen auf Sie nach der Anschaffung zu? Können wir unser Angebot inklusive der Folgekosten vergleichen?

• Das gibt es bei der Konkurrenz billiger.
Idee für eine Antwort:
– Was ist Ihnen außer dem Preis wichtig?
– Was gefällt ihnen an unserem Service?
– Sehen Sie, in dem Preis von DM 290,– sind eine telefonische Beratung und meine eigenen Materialkosten von DM 75,– enthalten. Und für den Beratungsumfang ist das dann wirklich nicht mehr viel.

Welche Einwände bekommen Sie in Ihrer Praxis zu hören?

_____

_____

_____

_____

_____

Wie werden Sie sie beantworten?

_____

_____

_____

_____

_____

11. Steter Tropfen höhlt den Stein

Weil Columbo systematisch und zielorientiert an seinem Fall arbeitet, hat er eine hohe Motivation, seinen Fall auch abzuschließen. Auch er gerät in Sackgassen und könnte an manchen Punkten seinen Fall zu den Akten legen, wenn es gar zu deutlich nach einem perfekten Mord aussieht. Aber gerade an solchen Punkten gibt Columbo nicht auf. Er will seinen Fall lösen. Er arbeitet weiter und sucht auch noch so kleine Anhaltspunkte – wie den berühmten Strohhalm, an den er sich klammern kann.

Dieses Sprichwort »Steter Tropfen höhlt den Stein« ist ein treffendes Beispiel auch für den Verkauf. Für Sie bedeutet dies: Geben Sie nicht so schnell auf. Versuchen Sie immer wieder, das Beste für den Kunden anzubieten. Auch viele kleine Schritte werden Sie letztendlich zu Ihrem Ziel bringen. Das Bild vom kleinen Wassertropfen, der einen Stein aushöhlen kann, soll Ihnen die Motivation geben, immer wieder weiterzumachen und nicht vorschnell aufzuhören.

Diese Motivation können Sie beispielhaft für Ihre Verkaufsgespräche mitnehmen. Aus Ihrem Willen, die Verkaufsgespräche positiv zu beenden, können Sie eine ganze Strategie machen. Sehen Sie Preisgespräche wie ein Strategiespiel. Mit den 13 Punkten der Columbo-Strategie® habe ich Ihnen eine Menge an Taktiken vorgeschlagen, die Sie alle verwenden können. Vielleicht haben Sie die eine oder andere Technik schon angewendet. Verfeinern Sie diese und üben Sie neue ein.

Für jedes Verkaufsgespräch und für jeden Kunden können Sie sich eine individuelle Gesprächsstrategie zusammenstellen. Viele Verkäufer geben Gespräche allzu schnell auf, bei denen Sie ihrer Meinung nach nichts mehr gewinnen können. Ändern Sie auch hier Ihren Blickwinkel: Was können Sie noch verlieren? Warum sollten Sie es nicht doch noch einmal versuchen? Wie bei einem Strategiespiel können Sie verschiedene Taktiken kombinieren, um zu einer für beide Seiten akzeptablen Vereinbarung zu kommen.

Und wenn eine Strategie nicht funktioniert? Dann heißt es auch wie bei Columbo: Flexibel bleiben und aus den vorhandenen eine neue Strategie entwickeln. Vielleicht können Sie den Kunden auf einem anderen Weg erreichen?

Wenn Sie mit dieser Einstellung in Ihre Preisgespräche gehen, werden Sie mit der Zeit Spaß daran finden, immer neue Taktiken bei Preisgesprächen anzuwenden. Sie werden merken, die Anwendung von einzelnen Strategien wird von Fall zu Fall besser. Das wird Ihnen Ihre eigene Erfahrung zeigen. Der wachsende Spaß an Preisgesprächen wird Ihr Selbstvertrauen steigern. Mit höherem Selbstvertrauen verkaufen Sie lockerer und entspannter. Dadurch wird Ihre Abschlußquote steigen. Das freut letztendlich die Kasse des Unternehmens und den Geldbeutel des Verkäufers.

12. Menschen wollen Geschichten hören

Nach der Lösung des Falles verkauft Columbo den Beteiligten regelrecht seine Lösung. Dies geschieht mittels einer großartig angelegten Inszenierung. Bühnenreif erzählt er seinen Kunden eine Geschichte und unterlegt sie mit seinen Beweisen. Der Regisseur Columbo setzt seine Zeugen und Beweismittel so gekonnt in Szene, daß der Täter gar nicht mehr anders kann, als zu gestehen.

Die Beweismittel, die Columbo hat, sind Ihre Nutzenargumente, liebe Leser. Die Inszenierung der Wunscherfüllung des Kunden ist Ihre Aufgabe im Verkaufsgespräch. Im wesentlichen stehen Ihnen dafür drei Möglichkeiten offen:

1. Dem Kunden Geschichten erzählen

Machen Sie eine gedankliche Traumreise mit Ihrem Kunden. Gerade im Preisgespräch können Sie im Kopf des Kunden durch bildliches Verkaufen eine Werterhöhung erreichen. Geschichten rund um das Produkt schaffen beim Kunden Bilder, in denen er sich und Ihr Angebot sehen kann. Haben Sie ein Einzelstück für den Kunden, dann haben Sie auch eine Geschichte für den Kunden dabei.

Ein Verkäufer in einem Juwelierladen in New York hatte einen Kunden aus Europa im Geschäft und zeigte diesem eine teure Uhr. Im Gespräch hatte er erfahren, daß der Gast wegen eines Marathonlaufes in der Stadt war und an diesem teilgenommen hatte. Der Kunde liebäugelte mit einer nicht ganz preiswerten Uhr. Ein bißchen schlechtes Gewissen war schon dabei, denn für die Ehefrau sollte auch noch ein Geschenk möglich sein. Der Verkäufer vertiefte die Schönheit der Uhr beim Kunden: »Sieht die Uhr nicht hervorragend an Ihrem Armgelenk aus? Stellen Sie sich einmal vor, Sie sind jetzt zu Hause und jedesmal, wenn Sie auf Ihre neue Uhr sehen, erinnern Sie sich an Ihren Erfolg beim Marathonlauf von gestern. Wäre das nicht jedesmal eine neue Motivation für Sie?« Was meinen Sie? Hat der Kunde gekauft? War der Preis überhaupt noch ein Argument?

2. Beispiele von anderen Kunden oder eigene Referenzen

Um Sicherheit darüber zu erhalten, richtig gewählt zu haben, sieht sich der Kunde gerne in einer Reihe anderer Menschen, die die gleiche Entscheidung getroffen haben.
So geben Sie ihm das Gefühl, nichts falsch gemacht zu haben.

Wie sich ein Pilot einer großen Fluglinie verkauft hat:
Es ist hinlänglich bekannt, daß auf Flügen keine Mobiltelefone angeschaltet sein dürfen. Trotzdem haben die Fluggesellschaften ein Problem: Einige der Reisenden meinen, sie seien so wichtig, daß sie ihr Handy auch während des Fluges angeschaltet lassen müssen. Der Pilot weist die Fluggäste jedesmal darauf hin. Hier muß er sich auch verkaufen. Ein Beispiel finden Sie hier:
»Beachten Sie bitte, daß während des gesamten Fluges alle Handys ausgeschaltet bleiben müssen. Werfen Sie also bitte nochmals einen Blick auf Ihr Handy. Erst auf dem Herflug von Frankfurt hat wieder ein Handy geklingelt. Ich persönlich muß Ihnen sagen, ich fühle mich sicherer, wenn ich weiß, daß alle Handys ausgeschaltet sind.«

3. Aus der Mücke einen Elefanten machen

Das besondere Extra für den Kunden gut verkaufen. Jeder Kunde will als etwas Besonderes behandelt werden. Gerade im Preisgespräch können Sie dem Kunden das Gefühl geben, etwas Besonderes zu sein. Heben Sie kleine Punkte groß hervor. Hat der Kunde sich über ein Merkmal positiv geäußert, dann vergrößern Sie den Nutzen für den Kunden. Inszenieren Sie dem Kunden die Erfüllung seiner Wünsche als eine Bescherung, die er woanders nicht bekommt.

Ein Beispiel aus einer Galerie:
Der Besitzer einer Galerie legt besonderen Wert auf emotionales Verkaufen. Der besondere Umgang mit dem Kunden fängt bei einer guten Beratung an und hört noch lange nicht auf, wenn der Kunde – auch wenn er nicht gekauft hat – mit einem kleinen Geschenk die Galerie verläßt. Alle Verträge werden mündlich geschlossen. Der Besitzer hat die Philosophie: Ich will Freude verkaufen. Freude an schöner Kunst. Wenn es mit einem Kunden zu irgendwelchen Unstimmigkeiten kommt, wäre die Freude getrübt und der Kunde könnte das Kunstwerk nicht im vollen Umfang genießen.

Deshalb tritt der Galerist lieber von einem Vertrag zurück und hat keinen Streit mit einem Kunden. Das Erlebnis der Betreuung hört nach dem Kauf nicht auf: Wenn das Kunstwerk ausgeliefert wird, stapfen nicht einfach zwei Handwerker durch das Haus des Kunden. Mit sauberen Schuhen und mit Handschuhen wird das Werk, das zwischenzeitlich mit einem Spezialglas gerahmt wurde, um das Ausbleichen zu vermeiden, aufgehängt. Die Galerie hat keine Kunden, die nach Nachlässen fragen und ist in den wenigen Jahren des Bestehens in die Top-Ten der deutschen Galerien aufgestiegen.

Kundenargumente und ihre Entgegnungsmöglichkeiten:

• Das gibt es bei der Konkurrenz billiger.
Idee für eine Antwort:
– Sie sagten gerade, diese Ausführung gefällt Ihnen besonders gut. Haben Sie sich schon Gedanken darüber gemacht, wo sie es in Ihrer Wohnung hinstellen werden? Wie wird es dort wirken und aussehen? Was werden Ihre Besucher sagen?
– Wie ich Ihnen schon gesagt habe, ist dieses Teil in einer erstklassigen Werkstatt gefertigt worden. Es ist zu erwarten, daß sich Stücke aus dieser Werkstatt zu Sammlerstücken entwickeln werden. Wenn Sie sich jetzt für einen Kauf entscheiden, können Sie noch eine Wertentwicklung mitnehmen.

• Ist das Ihr letzter Preis?
Idee für eine Antwort:
– Erst vor zwei Wochen habe ich fast das gleiche Produkt an Frau Schmidt aus Bodendorf zu genau diesem Preis verkauft. Sie kennen sie sicher. Sie hat mich erst gestern angerufen und mir gesagt, wie zufrieden sie damit ist.

• Ich bin bei Ihnen Stammkunde.
Idee für eine Antwort:
– Vielen Dank, daß Sie mir heute wieder die Gelegenheit geben, Ihnen zu beweisen, was wir alles für Sie tun können. Bei der Kalkulation werde ich das sicherlich berücksichtigen. Doch bevor ich Ihnen einen Preis nenne, möchte ich Ihnen noch einige Fragen stellen, damit ich Ihnen auch das für Sie geeignete Angebot machen kann.

• Wir bringen Ihnen auch noch andere Kunden, wenn der Preis stimmt.
Idee für eine Antwort:
– Das freut mich sehr. Da werde ich für Sie jetzt einen besonders gutes Angebot machen. Und wenn Ihre Bekannten auch bei uns ein-

gekauft haben, dann werde ich mich persönlich bei Ihnen revanchieren. Erst am Montagabend war ich als kleines Dankeschön mit einem Ehepaar in Schloß Schönstein zu einem Abendessen. Es war für alle ein unvergeßlicher Abend. Das möchte ich Ihnen auch gerne zukommen lassen.

• Ich zahle bei Ihnen bar.

Idee für eine Antwort:
– Da gehören Sie zu den ganz wenigen, die sich das heute noch leisten können. Also lassen Sie mich einige Informationen einholen, damit ich Ihnen einen guten Preis machen kann, der Ihr gutes Geld auch wert ist.

• Machen Sie mir einen guten Preis.

Idee für eine Antwort:
– Lieber Kunde, wir zeichnen uns durch besonders gute Beratung aus. Selbstverständlich werden Sie von mir ein faires Angebot bekommen. Vorgestern rief mich eine Kundin an, die sagte, sie habe bei mir gekauft, weil sie so gut beraten wurde und auch der Service nach dem Kauf weitaus besser ist als woanders. Welche Farbe gefällt Ihnen denn besonders?

• Wenn Sie jetzt noch 20 Prozent nachlassen, dann bekommen Sie den Auftrag.

Idee für eine Antwort:
– Vielen Dank, daß Sie diesen Punkt ansprechen. Das gibt mir Gelegenheit, Ihnen unseren Preisvorteil deutlich zu machen. Unsere Preise sind im Verhältnis zu anderen Anbietern sowieso schon günstiger. Wenn Sie bei einem Wettbewerber buchen, dann kostet Sie das leicht 25 Prozent mehr. Wir haben eine effiziente Unternehmensorganisation und haben dadurch weniger Overheadkosten. Diesen Vorteil geben wir bereits an unsere Kunden weiter. Das ist doch eine faire Preisgestaltung, oder? Welche Termine kann ich Ihnen reservieren?

Welche Einwände bekommen Sie in Ihrer Praxis zu hören?

_____

_____

_____

_____

Wie werden Sie sie beantworten?

_____

_____

_____

_____

_____

13. Den richtigen Riecher haben

Viele Beispiele aus den Krimifolgen zeigen, daß der Einsatz von Intuition und Gefühl Columbo immer wieder hilft, in schwierigen Situationen die richtigen Entscheidungen zu treffen. Er vertraut darauf, nach guter Vorbereitung die richtigen Informationen zu bekommen. Er hat sozusagen immer, wenn es darauf ankommt, den richtigen Riecher für eine unkonventionelle Entscheidung. Danach handelt er und hat deswegen mehr Erfolg als andere Kollegen.

Gerade im Preisgespräch ist es für Sie wichtig, ein Gespür, den richtigen Riecher, dafür zu bekommen, an welchem Punkt des Entscheidungsprozesses der Kunde gerade angelangt ist. Trainieren Sie Ihre Beobachtungsgabe und das Aufspüren von Signalen des Kunden. Entwickeln Sie Ihr Gefühl dafür, ob der Kunde abschlußreif ist. Steht er kurz vor seinem Kaufentschluß, dann überlegen Sie, welches Argument dem Kunden weiterhelfen kann. Vielleicht braucht er auch noch eine kleine Zugabe von Ihnen. Mit dieser Zugabetaktik können Sie dem Kunden noch ein kleines Extra geben, ohne von Ihrem genannten Preis abweichen zu müssen. Der Kunde hat einen weiteren Vorteil und Sie sind preisstabil geblieben.

Kundenargumente und ihre Entgegnungsmöglichkeiten:

• Das muß ich mir noch einmal überlegen.
Idee für eine Antwort:
– Das Angebot, das ich Ihnen gemacht habe, ist ein Aktionsangebot, das nur noch diese Woche gilt. Ich möchte Sie darauf noch einmal aufmerksam machen, damit Sie diesen Preisvorteil nutzen können. Was hält Sie jetzt noch davon ab, mir den Auftrag zu geben?

• Was geht noch am Preis?
Idee für eine Antwort:
– Diesen Preis habe ich speziell für Sie kalkuliert. Wenn Sie sich jetzt entscheiden, dann kann ich Ihnen dieses Zubehör im Wert von DM 175,– dazugeben. Sie können dieses Produkt dann gleich im vollen Umfang nutzen.

• Ist das Ihr letzter Preis?
Idee für eine Antwort:
– Ich versichere Ihnen, daß dies mein letzter Preis ist. Was ich Ihnen noch persönlich dazu geben kann, ist diese verchromte Blende, die Ihnen vorhin so gut gefallen hat. Möchten Sie diese dazu haben?

• Wenn Sie mir jetzt 10 Prozent Rabatt geben, dann bestelle ich es.
Idee für eine Antwort:
– Darf ich noch einmal nachfragen: Das Produkt entspricht in vollem Umfang Ihren Wünschen? Sie haben sich für ein sehr begehrtes Produkt entschieden. Wenn Sie es zu dem von Ihnen gewünschten Zeitpunkt nutzen möchten, dann schlage ich Ihnen vor, jetzt zu bestellen. Überlegen Sie bitte auch, was es für Sie bedeuten würde, wenn Sie diese Investition jetzt nicht tätigen. Wieviel Zeit und Geld könnten Sie sparen, wenn Sie das Produkt jetzt schon einsetzen können?

Welche Einwände bekommen Sie in Ihrer Praxis zu hören?

_____

_____

_____

_____

_____

Wie werden Sie sie beantworten?

_____

_____

_____

_____

Zusammenfassung der 13 Strategien für erfolgreiche Preis-gespräche nach der Columbo-Strategie®

1. Wenn Sie sich ein Preisziel gesetzt haben, nennen Sie keine Rabattzahlen, sondern sagen dem Kunden, wieviel er in Geldbeträgen spart.

2. Erhöhen Sie den Wert Ihres Angebots durch Ihre Markenbildung.

3. Durch die richtigen Fragen bringen Sie Licht in das Dunkel der Preisverhandlungen.

4. Wenn Sie bereit sind, etwas für den Kunden zu tun, dann soll der Kunde auch etwas für Sie tun.

5. Mit dem Kompetenzspiel beziehen Sie Ihren Chef als Teampartner ins Verkaufsgespräch mit ein.

6. Wie der Beifall das Brot für den Schauspieler ist, so ist das Lob der direkte Weg zum Bauch des Kunden.

7. Durch die Umleitungstaktik kommen Sie auf neuen Wegen zu Ihrem Ziel.

8. Durch Distanz und einen neuen Blickwinkel bekommen Sie neue Perspektiven und Lösungen.

9. Sie geben einem Verkaufsgespräch eine neue Wendung durch ein überraschendes Manöver oder einen Bluff.

10. Wenn der Kunde Ihren Service nicht kennt, dann hat er für ihn auch keinen Wert.

11. Steter Tropfen höhlt den Stein. Sehen Sie ein Preisgespräch wie ein Strategiespiel.

12. Menschen wollen Geschichten hören und sind auch bereit, dafür zu bezahlen.

13. Der Einsatz von Gefühl und Intuition sagt Ihnen, wenn der Kunde im Preisgespräch noch ein kleines Extra braucht.

5. Kapitel
Mit Columbo ein neues Verhalten trainieren

Mit Columbo ein neues Verhalten trainieren

Wenn Sie die Columbo-Strategie® durchgelesen und sich viele Notizen und Ideen in das Buch geschrieben haben, halten Sie jetzt ein
persönliches Verkaufskompendium in den Händen. Hier können Sie
immer wieder während Ihres Berufsalltags nachsehen und nachschla-
gen. So erhalten Sie neue Ideen und kleine Anregungen, wie Sie noch
professioneller als bisher verkaufen können.

Jeder Mensch ist immer wieder vor die Herausforderung gestellt,
sich seine Botschaft oder sein Produkt zu verkaufen. In immer schnel-
leren Zeitabschnitten entwickeln sich Gesellschaft und Technologien,
mit denen wir umgehen. Sich ständig verändernde Rahmenbedingungen bedeuten neue Herausforderungen, denen wir uns stellen müssen.

Das Verhalten der Kunden ändert sich, sie werden anspruchsvoller
und nehmen Dinge als selbstverständlich hin, die vor einigen Jahren
noch das große Extra waren. Die Renditen zahlreicher Unternehmen sinken, weil viele Verkäufer zu viele Nachlässe und Rabatte gewähren.

Das Rabattgesetz ist wegen des globalen Wettbewerbs gefallen. Der
Handel im Internet wird auch in Zukunft wachsen, auch wenn die hohen Gewinnerwartungen aus der New Economy erst einmal gedämpft
wurden. Schnelligkeit, Service und Kommunikation sind neue, aber
auch wiederkehrende Herausforderungen, denen wir uns nicht ver-
schließen dürfen.

Damit wir als Verkäufer uns auf diese neuen Herausforderungen
einstellen können, biete ich Ihnen als Denkmodell die Columbo-Stra-
tegie® an. Anhand eines positven Beispiels bietet dieses Modell Chancen an, in der Praxis neues Verhalten zu trainieren. Das Bild des Inspektor Columbo ist eine gehirnfreundliche Art ein solches Denkmodell auch umsetzbar zu machen und vor allem, es sich auch merken zu
können.

Während des Lesens hatten Sie an vielen Stellen die Möglichkeit,
den Transfer in Ihren Berufsalltag und Ihre Branche zu ziehen. Ein

Grundprinzip der Columbo-Strategie® ist die Praxisnähe. Neue Modelle des Verkaufens können und sollen nur das Ziel haben, auch in der Praxis umsetzbar zu sein.

Nachdem wir einen abschließenden Blick auf die Struktur des Verkaufsgesprächs geworfen haben, will ich Ihnen noch einmal in komprimierter Form den Transfer der Columbo-Strategie® hinsichtlich Kundenbeziehungsmanagement und Preisgesprächsführung darstellen.

Die fünf Phasen des Verkaufsgesprächs

Auch ich lerne ständig dazu – und zwar besonders während der Trainings und Workshops, die ich abhalte. Bis vor nicht allzu langer Zeit waren es die fünf Stufen des Verkaufsgesprächs, die ich in meinen Trainings vermittelt habe. Hier hat sich meine Betrachtungsweise geändert: Wir gehen zwar Schritt für Schritt im Gespräch vor, aber nicht unbedingt Stufe um Stufe. Die einzelnen Abschnitte des Verkaufsgesprächs fließen vielmehr ineinander über. Ab und zu wechseln wir für einen kurzen Zeitraum in eine andere Phase, um dann wieder bei einer anderen zu landen. Deshalb biete ich Ihnen das Wort Phasen an. Die Zielrichtung ist klar, aber der Teil der Gesprächsführung ist ein Prozeß. Die fünf Phasen bieten Ihnen dabei die nötige Struktur.

1. Die Aufwärmphase

Das Sprichwort vom ersten Eindruck, für den es keine zweite Chance gibt, stimmt zwar nicht immer, dennoch schaffen Sie gerade in den ersten Sekunden, vielleicht auch Minuten, die grundsätzlichen Bedingungen für das weitere Gespräch. Schaffen Sie es in der Aufwärmphase, die Beziehung zu Ihrem Kunden möglichst positiv zu gestalten, so ist Ihre Chance auf einen Verkaufserfolg zu einem akzeptablen Preis wesentlich höher.

2. Was sind die Bedürfnisse und Wünsche des Kunden?

Sie haben kennengelernt, daß Ihre Kunden aus psychologischen Gründen Kaufentscheidungen überwiegend aus dem Bauch heraus fällen. Deshalb wenden Sie die Feinheiten der perfekten Fragetechnik an, um die Wünsche Ihres Kunden herauszubekommen. Zwei Vorteile genießen Sie bei diesem Vorgehen zusätzlich: Sie führen das Gespräch in die Richtung, die Ihnen wichtig ist. Die Wünsche und Formulierungen des Kunden können Sie in der nächsten Phase wieder verwenden.

3. Wie kann ich dem Kunden nützlicher sein?

Jetzt können Sie alle Ihre Talente als Showmaster hervorholen: Sie zeigen Ihrem Kunden, wie er sich mit Ihrem Angebot seine Wünsche erfüllen kann. Und Sie zeigen ihm zusätzlich, warum die Wünsche des Kunden mit Ihrem Angebot noch viel besser in Erfüllung gehen als beim Wettbewerber. Wenn Sie Ihr Angebot nicht vergleichbar mit anderen machen, muß der Kunde auch neue Kriterien der Entscheidungsfindung einführen. Dabei können Sie ihm wieder helfen.

4. Das Preisgespräch

Beantworten Sie die Preisfrage des Kunden immer erst, nachdem Sie alle Ihre Vorteile und Nutzen beschrieben haben. Dadurch haben Sie die Chance, den Wert Ihres Produktes oder Ihrer Dienstleistung im Kopf des Kunden zu erhöhen. Bringen Sie soviel Mut und Energie auf, nach der Nennung des Preises zu schweigen und die Spannung auszuhalten, ohne sich zu rechtfertigen.

5. Die gemeinsame Vereinbarung

Als Beginn einer langen erfreulichen Geschäftsbeziehung steht natürlich der Auftrag des Kunden. Deshalb sehen wir am Ende des Gesprächs keinen Abschluß, sondern eine gemeinsame Vereinbarung. Bekommen Sie beim aktuellen Termin keinen Auftrag, können Sie sich durch eine gemeinsame Vereinbarung wenigstens ein Türchen offen halten für das nächste Mal.

Was bedeutet die Columbo-Strategie® für Ihr erfolgreiches Beziehungsmanagement zum Kunden und für preisstabiles Verkaufen?

1. Zielorientierung und Vorbereitung

Columbo legt bei seiner Arbeitsweise sehr viel Wert auf Zielorientierung und gute Vorbereitung. Wenn ein Verkäufer auf seine Gespräche gut vorbereitet ist, hat er sicher einen strategischen Vorteil. Aber gerade bei vielen Kunden bekommt der gut vorbereitete und gut organisierte Verkäufer viele Pluspunkte, denn der Kunde merkt, wenn sich der Verkäufer gut vorbereitet hat.

Daß es wichtig ist, sich Ziele in allen Lebensbereichen zu setzen, dürfte bekannt sein. Ziele im Verkaufsgespräch haben eine besondere Bedeutung: Sie wissen, wo Sie hinwollen – auch beim Preis. Dadurch, daß Sie sich ein Ziel gesetzt haben, bekommen Sie eine andere Ausstrahlung, die Ihnen mehr Sicherheit und Vertrauen gibt. Das merkt der Kunde und für ihn sind Sie weniger angreifbar.

2. Die Marke Columbo

Eine Marke ist er schon, dieser Columbo. Allein sein Auftritt mit Regenmantel, Zigarre, Hund und Cabrio. Er ist dadurch unverwechselbar. Schaffen Sie die gleiche Unverwechselbarkeit Ihrer eigenen Person mit Ihren eigenen Mitteln für Ihren Kunden. Bleiben Sie aber authentisch und glaubwürdig dabei. So sind Sie weniger leicht ersetzbar, und der Kunde erinnert sich, wenn er an Ihr Produkt denkt, auch an Sie.

Was haben Sie dafür getan, daß auch Ihr Produkt, Ihre Dienstleistung oder Ihr Angebot unverwechselbar und damit zur Marke wird? Durch diese Markenbildung und die Unterscheidungsmerkmale schaffen Sie für den Kunden einen Mehrwert, der Ihnen wieder in heiklen Preisfragen helfen kann. Der Kunde ist also bereit, etwas mehr Geld auszugeben, wenn Preis und Leistung zusammenpassen. Wozu haben sonst Markenprodukte in manchen Fällen einen ungerechtfertigt hohen Preis? Einen Teil der Leistung für den Kunden übernimmt hier der Markenname.

3. Die Meisterschaft in der Fragetechnik erreichen

Manche Ausschnitte aus den Folgen von Columbo könnten als Lehrfilme für die Fragetechnik im Verkauf verwendet werden. In meinen Trainings merken viele Verkäufer immer wieder, wie ihnen die Kunst der richtigen Fragetechnik den Arbeitsalltag wesentlich erleichtern kann. Nur werden diese Möglichkeiten auch immer konsequent eingesetzt?

Und dabei sind gerade die Antworten des Kunden auf Ihre Fragen so wichtig für den Ausgang Ihres Verkaufsgesprächs. Wenn Sie diese Antworten in Ihrer Angebotspräsentation verwenden, wird sich der Kunde so gut wie nie zuvor verstanden wissen. Die guten Fragen helfen Ihnen also auch, zum Kunden die Beziehung zu festigen. Im Preisgespräch schließlich öffnet Ihnen die Fragetechnik die Möglichkeit, Licht in das Dunkel der Einwände des Kunden zu bringen. So können Sie erst durch gutes Nachfragen die wahren Hintergründe des Einwandes des Kunden herausfinden und ihn dann entkräften. Verlorengegangene Preisgespräche sind oft nur durch fehlende Kommunikation entstanden.

4. Beziehungsmanagement und Netzwerke

Eines der wesentlichen Themen dieses Buches ist das Beziehungsmanagement. Und Columbo beherrscht es perfekt. Deshalb lassen
sich auch 13 Strategien daraus ableiten, was die einzelnen Erfolgsfaktoren des Beziehungsmanagements sind. Die Krönung eines funktio-
nierenden Beziehungsmanagements sind funktionierende Netzwerke,
die in den Columbo-Folgen immer wieder deutlich werden.

Gute Kontakte und Netzwerke sind die Arbeitsgrundlagen des modernen Verkäufers. Sie sollten deshalb viel Zeit in den Ausbau Ihrer
Netzwerke investieren. Ist es Ihnen auch schon passiert, daß unerwar-
tet aus Ihrem Netzwerk heraus ein Auftrag für Sie zustande kam, mit
dem Sie gar nicht gerechnet haben?

Der Netzwerkgedanke funktioniert auf der Basis des Gebens und
Nehmens. Wenn Sie in Ihren Preisgesprächen für Ihren Kunden etwas
getan haben, aus dem er einen (materiellen) Vorteil hat, dann sollte der
Kunde im Gegenzug auch etwas für Sie tun.

5. Teamwork

Columbos Erfolg wäre nicht möglich ohne sein schlagfertiges Team.
Er bindet Kollegen in Entscheidungen und Beratungen ein, und alle
arbeiten einander zu und unterstützen sich. Wenn sich jeder Mitarbeiter und jede Abteilung in einem Unternehmen als Dienstleister für
andere sehen, funktioniert Teamarbeit. Gerade im Verkauf müssen Sie
innerhalb Ihres Unternehmens eine effiziente Teambildung unterstützen. Das Back-Office ist für Verkäufer eine wichtige interne Unterstützung.

Für Preisgespräche sind zwei Partner in Ihrem Team wichtig: Ihr
Chef, mit dem Sie die gleiche Strategie in der Preisgestaltung und
dem Gewähren von Nachlässen fahren (Sind Sie der Chef, dann üben
Sie diese Strategie mit Ihren Mitarbeitern ein.), und Ihr Kunde,
den Sie zum Berater bei Produktentscheidungen, Produktentwicklun-

gen und Marktforschung machen. Aus diesem Grund fühlt er sich stärker an Ihr Unternehmen gebunden und kauft dann auch lieber bei Ihnen.

6. Man muß Menschen mögen

Columbo geht mit den Menschen, die er trifft, sehr respektvoll um und interessiert sich für sie. Er lobt Hobby oder Beruf des anderen. Bewunderung und Anerkennung sind für seinen Umgang mit Menschen typisch. Behandeln Sie im Verkauf Ihre Kunden so, wie Sie selbst gerne als Kunde behandelt werden möchten. Das gilt besonders für schwierige Kunden.

Hier zeigt sich Ihre Gabe, auf Menschen eingehen zu können. Im Preisgespräch können Sie den Kunden für seinen guten Geschmack loben oder ihm zu einer guten Entscheidung gratulieren. Durch das Interesse am anderen und eine offene Einstellung verbessern Sie die Beziehungsebene zum Kunden. So verringern Sie die Wahrscheinlichkeit, daß die Nachlaßforderung des Kunden allzu hoch ausfällt.

7. Erwarten Sie das Unerwartete

Weil Columbo immer offen ist für neue Erkenntnisse und Überraschungen, verpaßt er keine neuen Entwicklungen. Die Offenheit für den Wandel und neue Entwicklungen schaffen die Voraussetzung, in der Lösung der Fälle neue Wege zu gehen. Und nur durch eine unkonventionelle Lösung ist der Fall aufzuklären gewesen.

In Ihrer Kundenbeziehung haben Sie einen entscheidenden Vorteil, wenn Ihr Angebot die besondere Lösung für die Wunscherfüllung des Kunden ist. Lassen Sie sich inspirieren, dem Kunden eine außergewöhnliche Nutzenpräsentation zu bieten.

Für das Preisgespräch bedeutet diese Erkenntnis, daß Sie sich vom Kunden bei der Preisfrage nicht sofort an die Wand stellen lassen sollten. Versuchen Sie vielmehr, mit der Umleitungstaktik vom Preis wegzukommen und erst einmal die Gelegenheit zu nutzen, über Ihre spezielle Lösung zu sprechen. Nur so schaffen Sie es, Ihr Angebot wertvoller zu machen.

8. Flexibilität und Anpassungsfähigkeit

Wenn Columbo auf andere Menschen trifft, stellt er sich in Ton, Sprache, Wortwahl und Körpersprache auf das Niveau des Gegenübers ein. Wenn die Situation es erfordert, tauscht er sogar sein Markenzeichen den Trenchcoat gegen einen schicken Anzug aus.

Auch im Verkaufsgespräch müssen Sie sich nicht nur auf Ihren Partner einstellen, sondern auch neue Entwicklungen oder Marktveränderungen beobachten und berücksichtigen. Die Position des Beobachters gibt Ihnen den notwendigen Überblick, um mit neuen Lösungen auf Veränderungen zu reagieren. Im Preisgespräch haben Sie in schwierigen Situationen unter Umständen ein Zeitproblem. Wer gibt Ihnen die Zeit zum Nachdenken? Diese Zeitpolster können Sie sich durch gut vorbereitete Formulierungen schaffen.

9. Hat er noch alle Tassen im Schrank?

Columbo wird aufgrund seiner skurrilen Art oft unterschätzt. Manchmal spielt er den etwas zerstreuten und chaotischen Inspektor, der an den passenden Stellen auch noch blufft: Ach, eine Frage hätte ich noch.

Für Ihren Beziehungsaufbau zum Kunden müssen Sie Ihre eigene Körpersprache sehr gut kennen und wissen, welche Wirkung Sie erzielen wollen, ohne dabei Ihre Persönlichkeit aufzugeben. Gibt es für Sie auch Gelegenheiten, in denen es für Sie sinnvoll sein kann, unterschätzt zu werden? Genauso müssen Sie die Körpersprache Ihres Kunden kennenlernen und wissen, wie er in bestimmten Situationen reagiert. So können Sie anhand der Körpersprache sehen, ob der Kunde Ihrem Angebot eher zugeneigt oder abgeneigt ist. Wenn die Preisverhandlung für Sie sehr schwierig ist und Sie noch einen Trumpf im Ärmel haben, können Sie dem Gespräch durch ein überraschendes Manöver oder einen Bluff eine neue Wendung geben.

10. Erlebnisse schaffen

Die Einzigartigkeit der Person Columbo machen aus jeder Begegnung mit ihm etwas ganz Besonderes. Auch wenn seine eigentümlichen Auftritte nicht immer das Wohlwollen aller Menschen erregen, so sind sie doch einzigartig. Ihre Kunden wollen im Umgang mit Ihnen Erlebnisse geboten bekommen.

Schaffen Sie also Erlebnisse für Ihre Kunden und bieten Sie ihnen das Unerwartete. Für das Preisgespräch können Sie sich überlegen, welche Ihrer Servicepunkte der Kunde so nicht erwartet hätte und die etwas Besonderes sind. Wenn Sie wissen, auf welche Servicepunkte der Kunde Wert legt, dann können Sie herausfinden, wieviel Geld dem Kunden einzelne zusätzliche Serviceleistungen wert sind.

11. Innere Einstellung und Begeisterung

Immer wieder gerät Columbo während seiner Ermittlungen in Sackgassen. Auch wenn alles nach einem perfekten Mord aussieht, gibt Columbo nicht auf und macht weiter. Seine innere Einstellung gibt ihm die Motivation und Energie dazu. Viele unmögliche Dinge sind nur in unseren Köpfen unmöglich. Die Grenzen setzen wir uns selbst.

Schaffen Sie durch eine positive innere Einstellung zu Ihren Produkten, zu Ihren Kunden und zu sich selbst die Grundlage für Ihren Verkaufserfolg. Wenn Sie es auch noch schaffen, mit Begeisterung zu verkaufen, dann geht dieses Verkaufen fast wie von selbst. Aus Ihrem Willen, die Verkaufsgespräche positiv zu beenden, können Sie eine ganze Strategie machen. Sehen Sie Preisgespräche wie ein Strategie-spiel. Sie können die einzelnen Strategien kombinieren und je nach Bedarf anwenden oder auswechseln. Vielleicht gewinnen Sie mit dieser Sicht der Dinge auch Spaß am Preisgespräch.

12. Die Meisterschaft in der Inszenierung

Einer der Höhepunkte einer jeden Columbo-Folge ist die Inszenie-rung der Lösung des Falles. Wie ein Regisseur setzt Columbo Beweis-mittel, Gegenstände, Personen und Zeugen ein, um den Täter zu über-führen. Als Verkäufer können Sie Ihre Nutzen und Vorteile wie eine bühnenreife Inszenierung präsentieren.

Ohne übertrieben zu wirken, lassen sich Angebote mit Bildern oder Gedankenreisen besser verkaufen. Stellen Sie sich einmal vor, Sie präsentieren Ihr Angebot mit wenigen bildreichen Worten und der Kunde sagt begeistert: »Ja, das will ich haben!« So lassen sich Kun-den für lange Zeit an Ihr Unternehmen binden, weil kein anderer die Wünsche der Kunden so plastisch und schön erfüllt wie Sie.

Auch für Ihre Preisgespräche gilt: Menschen wollen Geschichten und Beispiele geboten bekommen. Entführen Sie also Ihren Kunden vor dem Preisgespräch in eine kleine Gedankenreise oder erzählen Sie ihm Beispiele und Referenzen von anderen zufriedenen Kunden. Mit jedem Bild wächst der Wert Ihres Produktes oder Ihrer Dienstleistung.

13. Den richtigen Riecher haben

Emotionale Intelligenz, Gefühl oder Intuition sind Stärken, die Co-lumbo immer wieder erfolgreich einsetzt. Diese nicht-rationalen Fä-higkeiten verschaffen Columbo einen Vorsprung vor anderen.

Im Kundengespräch können Sie wesentlich besser auf Ihren Kun-den eingehen und die Beziehung zu ihm festigen, wenn Sie sich auch auf die Informationen verlassen, die Sie durch Intuition und Gefühl bekommen. »Entscheidungen aus dem Bauch heraus lasse ich nicht gelten!« Menschen, die diese Aussage treffen, werden in der Zukunft verlieren, weil wegen der zunehmenden Technisierung die zwischenmenschliche Komponente noch wichtiger werden wird.

Wenn Ihnen Gefühl und Intuition im Preisgespräch mitteilen, an welchem Punkt der Entscheidungsfindung Ihr Kunde gerade angelangt ist, können Sie abschätzen, was Sie dem Kunden noch an Zugeständnissen in Form von Warenzugaben machen müssen oder ob Sie gleich nach dem Auftrag fragen können.

Schlußbemerkung: Erfolg macht Spaß

Nehmen Sie aus den Anregungen dieses Buches diejenigen heraus, die Ihnen gefallen, und fangen Sie an, diese einzuüben. Wenn Sie nach erfolgreichem Training eine Technik oder Strategie beherrschen, dann wählen Sie sich eine weitere aus und bringen diese zu Perfektion. Der Wille, ständig zu wachsen und sein eigenes Verhalten zu überdenken und zu verbessern, macht die erfolgreichsten der erfolgreichen Verkäufer aus. Und Erfolg macht letztenendes viel Spaß.

Ich wünsche Ihnen viel Spaß!

Ihr Joachim Skambraks

Weitere Informationen zum Inhalt dieses Buches und über Trainings: **www.columbo-strategie.de**

Wenn Sie sich noch weiter über Columbo und Peter Falk informieren möchten, empfehle ich ihnen folgende Seiten im Internet:
www.columbo-fanclub.de
www.peterfalk.com
www.columbo-homepage.de
www.columbo-guide.de

Wie Sie Ihr Unternehmen durch die Columbo-Strategie® erfolgreicher machen!

So erhöhen Sie Ihre Renditen und Umsätze.

So gewinnen und halten Sie begeisterte Kunden.

In unseren Trainings und Workshops helfen wir Ihnen und Ihren Mitarbeitern, die Columbo-Strategie® effizient in der Praxis umzusetzen.

Training – Workshop – Beratung – Coaching – Moderation

InTu Training
Landsbergerstraße 455
81241 München

Rufen Sie uns an oder schreiben Sie uns:
Tel + Fax 089/820 68 19
E-Mail js@intutraining.de

Was wünschen Sie sich für Ihren Verkauf in der Zukunft?
Wir machen Ihre Wünsche wahr.

Literatur

Birkenbihl, Vera F., Erfolgstraining, München, Landsberg 1990

Day, Laura, Praktische Intuition, München 1998

Ebeling, Peter, Verkaufstips für den Einzelhandel, München, Landsberg 1995

Enkelmann, Nikolaus B., Die Macht der Motivation, München, Landsberg 1995

Geffroy, Edgar K., Das einzige was stört ist der Kunde, Landsberg 1994

Höhler, Gertrud, Wölfin unter Wölfen, München 2000

Kostmann, Helmut E. und Plattner, Ilse E., Kundenzentriertes Verkaufen, München, Landsberg 1994

Lautner, Helmut, Nimm dir einfach mehr vom Leben, Stuttgart 1998

Seiwert, Lothar J., Mehr Zeit für das Wesentliche, München, Landsberg, 1997

Stevens, Jose und Lena, Zur Quelle der Kraft, Freiburg 1995

Verweyen, Alexander, Keine Angst vor dem Smart-Shopper, Frankfurt 1998

Zarro, Richard A. und Blum, Peter, Den richtigen Draht finden, München, Landsberg 1991

Zimmermann, Hans-Peter, Groß-Erfolg im Kleinbetrieb, München, Landsberg 1993

Der Autor

Joachim Skambraks, Jahrgang 1963, studierte nach einer Ausbildung bei der Bertelsmann AG Betriebswirtschaft. In seiner zehnjährigen verkäuferischen Tätigkeit als Verkaufs- und Marketingleiter und später als Vertriebsleiter entwikkelte er sich zum Verkaufsprofi. Durch die Zusammenarbeit mit verschiedenen deutschen Trainern qualifizierte er sich als Verkaufs- und Managementtrainer.

Wichtige verkäuferische Stationen:
*   Key-Account-Management im Bereich Dienstleistung
*   Verkaufsleiter in einem Medienkonzern
*   Vertriebsleiter in einem mittelständischen Unternehmen für Verbrauchsgüter
*   Managementfunktion Außendienststeuerung, Groß- und Sonderkunden

Für verschiedene Unternehmen wirkt er an der konzeptionellen Entwicklung und Realisation von Qualifizierungsmaßnahmen für Mitarbeiter mit.
Joachim Skambraks realisiert Veränderungsprozesse durch:
*   Kundenspezifische Projektarbeiten
*   Workshops und Seminare
*   Intensiv-Trainings
*   Konzeptionelle Beratung
*   Führungskräfte- und Mitarbeiter-Coaching

Heinz Brestel (Hrsg.)

Kapitalanlagen 2001

Heinz Brestels Jahrbuch – Der Wegweiser zum Finanzerfolg

34. Auflage 2001, 356 Seiten, Hardcover, ISBN 3-89843-017-0

Seit über drei Jahrzehnten nehmen die Brestel-Jahrbücher eine einzigartige Sonderstellung in der deutschsprachigen Anlageliteratur ein. Das Standardwerk für Privatanleger informiert über alle Fragen der Kapitalanlage für das Anlagejahr 2001. Es verschafft dem Leser einen objektiven Zugang zu allen Anlagemärkten.

Rainer Konrad (Hrsg.)

Vermögensverwaltung 2001

Jahrbuch der sicheren und rentablen Kapitalanlage

9. Auflage 2001, 364 Seiten, Hardcover, ISBN 3-89843-018-9

Ab welchem Vermögen übernehmen Banken und Vermögensverwalter in Deutschland und der Schweiz Mandate? Welche Honorare fallen dabei an?

Das Jahrbuch bietet neben fundierten Artikeln zu Fachthemen wie strategische Vermögensplanung, steuerliche Behandlung der Kosten und die Vorbereitung auf das Erstgespräch mit einem Vermögensverwalter, eine einmalige Übersicht über die Anbieter im deutschen Sprachraum.

Werner Plötz

Mein Recht als Aktionär

Interessen selbst vertreten

2001, 250 Seiten, gebunden mit Schutzumschlag, ISBN 3-89483-023-5

Ein Praxishandbuch für Aktionäre, um im Umgang mit den AGs den Streit um Dividenden, Fusionsabfindungen und vielem mehr siegreich zu bestehen.

F.A.Z.-Verlagsbereich Buch   D- 60267 Frankfurt am Main

Bestellfax 0049 / 69 / 75 91 – 21 87   Buchshop: www.fazbuch.de

Weitere Titel aus dem Verlagsprogramm

Regina Maria Jankowitsch
Im Rampenlicht der Börse
Mit Charisma zum Erfolg
2001, 240 Seiten, Hardcover, ISBN 3-89843-035-9

Wie präsentiert sich ein Vorstands-team, dessen Unternehmen an die Börse gehen will? Wie gestalte ich eine Roadshow? Welche Kommunikationsregeln gelten? Lesen Sie, wie wichtig es ist, vor den Augen und Ohren der Finanzwelt eine starke, souveräne und auf professioneller Kommunikation aufgebaute Wirkung zu erzielen: You are the message!

Bernd Rödl / Thomas Zinser
Going Public
Der Gang mittelständischer Unternehmen an die Börse
2. überarbeitete Auflage 2000, 399 Seiten. Hardcover, ISBN 3-933180-12-0

Ist Ihr Unternehmen tauglich für einen Gang an die Börse? Kann er ein geeignetes Instrument zur Lösung der Nachfolge sein? Hier erhalten Sie einen Überblick über den Emissionsmarkt, das Börsengeschehen, die Motive für einen Börsengang bis zur Darstellung des Emissions- und Kommunikationskonzepts.

Hartmut Knüppel / Christian Lindner
Die Aktie als Marke
Wie Unternehmen mit Investoren kommunizieren sollen
2001, 272 Seiten, Hardcover, ISBN 3-933180-83-X

Zählen die Stories zukünftig mehr als die Fakten? Wie wird eine Aktie als Marke profiliert? Und, welche Auswirkungen hat dies auf die Bewertung am Markt? Die Autoren erklären die Theorie des Aktienmarktes, zeigen anhand von Beispielen den Einsatz von Investor Relations Strategien und Instrumenten, diskutieren die Möglichkeiten und Grenzen, Aktien als Marken zu profilieren und geben praktische Hinweise zur Optimierung der Kapitalmarktkommunikation.

F.A.Z.-Verlagsbereich Buch
Bestellfax 0049 / 69 / 75 91 – 21 87

D- 60267 Frankfurt am Main
Buchshop: www.fazbuch.de

Weitere Titel aus dem Verlagsprogramm

Harald Heber (Hrsg.)
Erfolgsprinzip Mitunternehmer
Wie Mitarbeiter unternehmerisch handeln
2000, 228 Seiten, kartoniert, ISBN 3-933180-77-5

Das unternehmerische Handeln des einzelnen Mitarbeiters wird für viele Organisationen in den nächsten Jahren ein entscheidender Erfolgsfaktor werden, um in dieser schnell-lebigen Zeit am Markt bestehen zu können. Lesen Sie, wie Mitarbeiter zu Mitstreitern gemacht werden können.

Ulrich Gonschorrek / Norbert Gonschorrek
Managementpraxis von A bis Z
Leitfaden durch die aktuellen Managementkonzepte
1999, 456 Seiten, Hardcover, ISBN 3-933180-17-1

Das „neue Management" besteht aus einer kaum überschaubaren Anzahl von sich überschneidenden Ansätzen und Konzepten. Dieses Buch gibt Ihnen einen Überblick über die verschiedenen Denkweisen. Es liefert Strategieempfehlungen und Argumente für die einzelnen Konzepte und sagt Ihnen, wo es sich lohnt, etwas näher hinzuschauen und Quellenstudium zu betreiben.

Claus Steinle / Bernd Eggers / Henning Thiem / Bernd Vogel (Hrsg.)
Vitalisierung
Das Management der neuen Lebendigkeit
2000, 336 Seiten, Hardcover, ISBN 3-933180-46-5

Was ist eine „vitale Organisation"? Ein Unternehmen, eine Institution, eine Organisation, in der Eigenschaften wie Flexibilität, Lernbereitschaft und Erneuerungsfähigkeit einen hohen Stellenwert haben. Dieses Buch zeigt Ihnen, wie Strukturen, Prozesse und Systeme optimiert werden können und wie man reorientiert, neuausrichtet, Netzwerke bildet und auf verschiedene Weise (Re)Vitalisierungsprozesse in Gang setzen kann.

F.A.Z.-Verlagsbereich Buch   D- 60267 Frankfurt am Main
Bestellfax 0049 / 69 / 75 91 – 21 87

Helmut Quack
Internationale Kooperationen
Ein Wegweiser für mittlere und kleine Unternehmen
2000, 200 Seiten, kartoniert, ISBN 3-933180-76-7

Der „Gang" ins Ausland ist für viele kleine und mittlere Unternehmen eine strategische Entscheidung. Dieses Buch handelt von der Planung und der Realisierung von Kooperationen mit Unternehmen im Ausland.

Uwe Böning (Hrsg.)
Interkulturelle Business Kompetenz
Unsichtbare Barrieren überwinden und geheime Regeln beachten
2000, 276 Seiten, Hardcover, ISBN 3-933180-44-1

Um Erfolg in „fremden" Ländern zu haben, muß man die Mentalität, die Sitten und Gebräuche der Menschen verstehen. Oft entscheidet gerade das Wissen um „geheime" Regeln und die „unsichtbaren" Barrieren über den eigenen Erfolg und die Akzeptanz im Ausland. Profitieren Sie von dem Wissen und der Erfahrung der modernen „Business-Globetrotter", die die Globalisierung schon leben.

David Knower / Thomas F. Spemann / Günther Würtele (Hrsg.)
Business Guide USA
So gestalten Sie Ihre US-Aktivitäten erfolgreich
2000, 446 Seiten, Hardcover, ISBN 3-933180-34-1

Sie erhalten einen Überblick der politischen, wirtschaftlichen und gesellschaftlichen Rahmenbedingungen in den USA, mit Firmenprofilen, Wirtschaftsdaten, Verrechnungstabellen usw.
Ein Buch für Führungskräfte, die „im Land der unbegrenzten Möglichkeiten" unternehmerisch tätig sein möchten und für Praktiker, die bereits in den USA wirken.

F.A.Z.-Verlagsbereich Buch   D- 60267 Frankfurt am Main
Bestellfax 0049 / 69 / 75 91 – 21 87